KB021230

여기쯤에서 나를 만난다

지금 **여기**를 살아가는 **당신**을 위한 16가지 **인생철학**

박돈규 지음

여기쯤에서 나를
만난다

종이
더은책

들어가며

　　　　기자로 20년을 채우고 보니 사람을 들여다
보는 안목이 조금 생겼다. 가슴을 쿵 울리는 녹진한 이야
기를 품고 있는지 아닌지 가늠하는 일이다. 놀랍거나 귀
하거나 감동적인 무언가를 끄집어내지 못한다면 둘 중
하나다. 그 사람을 과대평가했거나 내가 인터뷰를 그르
쳤거나.

　늘 글감에 굶주려 있다. 매력적인 인터뷰이라고 판단하
면 눈에 불을 켜고 어디든 달려간다. 달려가면서 중얼거
린다. 인생이 그에게 남긴 굴곡과 지혜가 자연스럽게 배
어 나오면 좋겠다고.

　몇 해 전 겨울 강화도 어느 목공방에서 보았다. 톱, 끌,
대패, 망치……. 작업대 뒤에 연장 수백 개가 걸려 있었
다. 많아도 질서정연했다. 한쪽에는 건조되어 쓰임을 기
다리는 목재들이 가지런히 쌓여 있었다. 바닥에는 대팻
밥이 수북했다. 봉긋해서 꼭 무덤 같았다.

글을 쓸 때 머릿속을 촬영하면 이 목공방과 비슷하겠구나. 그날 그런 생각을 했다. 문장을 지으려면 어떤 단어나 표현을 선택하고 버리고 다듬는 작업을 여러 번 반복하기 마련이다. 목재를 고르고 톱으로 자르고 사포로 문지르는 목수의 일과 닮아 있다.

그날 만난 양석중 소목장(小木匠 · 나무로 가구나 문을 짜는 사람)은 말했다. "나무를 고르는 과정에서 정리를 해요. 필요 없는 것은 버립니다. 이렇게 땔감으로 쓰지요." 뜨거운 난로 안에 나무 조각을 넣으면서 그가 덧붙였다. "목재를 보면 이건 갈라지게 생겼어요. 문제가 있으니 가구에 쓰면 결국 탈이 납니다."

느티나무는 200살쯤 되어야 목질이 좋은데 그런 건 다 보호수라서 구할 수가 없다. 고목(古木)이 태풍에 쓰러졌다는 소식을 들으면 눈에 불을 켜고 달려간다고 했다. 검고 아름다운 '먹'이 든 감나무를 먹감나무라고 부른다. 오래되거나 상처가 나서 까맣게 된 것이다. "그런데 '먹'이 들어 있는지는 잘라보아야 알 수 있습니다. 스무 그루 베면 하나쯤 나와요."

나무를 잘라보면 동서남북에 따라 목질이 다르다. 북쪽은 추위를 견뎌 나이테가 촘촘하고 강도가 높다. 남쪽은 무르다. 같은 느티나무라도 물가에서는 빨리 성장한 대신 푸석푸석하다. 자갈밭에서 자라면 나이테를 따라 균

열이 있다.

사람도 매한가지다. 어느 부분은 단단하고 어느 부분은 유연하고 어느 부분은 나약하다. 어떤 시절은 뜨거웠으나 어떤 시절은 후회로 남아 있다. 기자에게는 질문이 톱이다. 어느 방향으로 어떤 힘과 속도로 묻느냐에 따라 나오는 응답이 달라진다. 아주 가끔 우아한 단면이 나타난다. 그 사람이 지닌 인생의 무늬다.

조선일보 주말섹션 'Why?'와 '아무튼, 주말'에서 일하며 무수한 인생과 마주앉았다. 나무 앞에 선 목수처럼, 인터뷰이를 만나기 전에 심호흡을 하며 신중하게 질문을 선택했다. 질문과 답, 차가운 두 세계가 만나 부딪치기도 하고 서로 스며들기도 했다. 이렇게 물으면 저렇게 답하겠거니 미리 짐작했지만 그 예상이 빗나가는 바람에 흡족해진 적도 있었다.

이 책은 '박돈규의 2사만루'라는 문패 아래 원고지 30매 분량으로 옮긴 삶 가운데 독자가 뜨겁게 반응한 인터뷰를 가려 뽑았다. 16명에게 끄집어낸 인생의 무늬다. 그들은 저마다 직업이 다르다. 삶의 태도를 응축한 16가지 단어, 16갈래 철학으로 읽힐 수도 있겠다.

"과거의 영광을 생각할 만큼 늙지는 않았고 미래의 희망에 부풀 만큼 젊지도 않다"는 바둑 챔피언 조치훈의 '후회', "나한테 중요한 건 내일이 아니라 오늘"이라며 인생을 '음미'하겠다는 발레리나 강수진, "우리 사회에는 성장을 일찍 포기하는 '늙은 젊은이들'이 너무 많은데 인생의 황금기는 60세부터 75세"라는 100세 철학자 김형석과 '구름', "124번의 승리보다 98번의 패배에 감사한다"는 야구선수 박찬호의 '98패' 등이다. 16명의 나이를 합치니 935년. 그 시간 앞에서 아득해진다.

그들을 왜 만났고 무슨 이야기를 나누었으며 후일담을 쓰는 동안 새삼 깨달았다. 질문 안에 '그 시절의 내 열망과 근심'이 담겨 있었다. 10년, 20년이 흐른 뒤에도 꺼내 읽고 싶은 인터뷰가 될 수 있을까? 묻고 듣고 되물었다. 이렇게 잘라보고 저렇게 켜보면서 글밥이 대팻밥처럼 흩어졌다. 오류가 발견된다면 전적으로 내 책임이다.

사진기자들은 글보다 나은 장면을 찍어주었다. 정성껏 책을 엮어준 북스토리에도 마음으로부터 인사를 건넨다. 무엇보다 긴 시간 동안 질문에 답하며 인생의 무늬를 엿볼 기회를 준 인터뷰이들께 고개 숙여 감사 인사를 드린다. 내가 운전하는 글에 기꺼이 올라타 인생의 어느 모퉁이까지 동행해줄 귀한 독자 여러분께도 깊은 감사를 드린다. 내가 목격한 황홀한 '먹'을 온전히 볼 수 있기를 바라는 마음으로.

2020년 겨울
박돈규

CONTENTS

PART 1

구름을 보면서

피곤을 풉니다

바둑 챔피언
조치훈의
'후회'

복기

바둑판은 가로 19줄, 세로 19줄이다. 교차로가 361개 있다. 돌을 가려 흑을 쥔 사람이 먼저 두는데, 첫 흑돌은 361개 자리 중 하나에 놓이는 셈이다. 바둑은 집을 많이 지은 쪽이 이기는 게임이다. 실리를 밝히는 기사와 세력을 좋아하는 기사가 있다. 실리는 당장 손에 쥘 수 있는 현찰이고, 세력은 미래 가치를 향한 투자다. 실리냐 세력이냐는 현재와 미래가 벌이는 싸움과 같다.

바둑TV는 내게 일상의 비상구다. 채널을 돌려도 다 시큰둥하고 눈길 잡는 프로그램이 없을 때면 늘 그곳으로 들어간다. 20년쯤 된 습관이다. 화면 가득 네모난 바둑판부터 보이고 흑과 백이 번갈아 착점하는 소리가 들린다. 때로는 청량하고 때론 묵직하다. 해설자는 다음 수를 예측하며 참고도를 보여준다.

세상에서 가장 편안한 자세로 TV에 시선을 고정한다. '나만의 시간을 갖겠다'는 선언이다. 집에서 그 사태가 벌어지면, 아내와 딸은 무력하게 자리를 뜬다. 올 것이 왔다는 표정으로. 바둑을 몰라서가 반, 내가 딱해서가 반인 것 같다.

바둑돌은 세상(바둑판)에 놓이면서부터 삶을 도모하고 죽음을 근심하는 처지다. 대마(大馬)도 두 집 이상이 나야 완전히 살아 있는 상태가 된다. 아무리 덩치가 커도 두 집이 없으면 구차하게 쫓기다 비명횡사할 수 있다. 인생과 똑 닮았다. 미생(未生)으로 태어나 완생(完生)을 꿈꾸며 살아가기는 사람도 매한가지니까.

바둑판 위에서 형세가 유리하면 집을 지키며 변수를 줄여나간다. 불리하면 상대의 약점을 공격하며 판을 흔들어야 한다. 이 게임에서는 시간도 무기다. 주어진 제한 시간이 끝나면 초읽기가 시작된다. 이를테면 40초 안에 한 수를 두어야 하는 식이다. 초읽기에 몰려 시간패 하는 경우도 나온다. 인생은 끝이 있어 비극이라고 누가 말했나. 바둑도 비슷하다. 다만 승자와 패자로 나뉠 뿐이다.

내가 바둑에서 가장 좋아하는 장면은 그다음에 펼쳐진다. 승자와 패자가 나누는 복기(復棋)다. 성취감과 회한, 안도와 아쉬움, 환희와 좌절이 뒤범벅된다. 어떤 돌을 가리키며 문제점을 지적하기도 하고 어떻게 두어야 했는지 돌을 놓아보기도 하면서 감상을 교환한다. 의식과 같은 그 비장미에 매료되었다. 방송 카메라는 야속하게도 두 기사 얼굴을 번갈아 클로즈업한다. 승자는 기쁨을 감추고 패자는 슬픔을 억누른다. 상대에 대한 예의다.

　나는 대체로 바둑을 이긴 쪽보다는 진 쪽에 감정을 이입한다. 복기라는 쓰디쓴 시간을 그는 어떻게 감당할까. 치욕적인 장소를 당장 떠나고 싶을 텐데 말이다. "승리한 대국의 복기는 이기는 습관을 만들어주고, 패배한 대국의 복기는 이기는 준비를 만들어준다"(조훈현 9단)고는 하지만 장식적인 수사학일 뿐이라고 생각했다. 언젠가 프로 기사를 만난다면 복기에 대해 캐묻고 싶었다. 인생의 쓴맛에 대처하는 법이 궁금했다.

　조치훈 9단이 누구인지는 대강 알고 있었지만 그의 매력을 처음 본 것은 2015년 7월의 일이다. 그날도 빈둥거리며 바둑TV를 보고 있었다. 한국현대바둑 70주년 기념으로 조훈현 9단과 조치훈 9단이 붙었다. 이른바 '조조 대결'. 한때 한국과 일본 바둑계를 평정한 두 기사의 특별 대국은 조치훈의 시간패로 싱겁게 끝났다.

　조치훈이 직접 공개 해설에 나섰는데 패자답지 않게 무척 명랑했다. "옛날보다 바둑 공부를 더 많이 하는데 금방 다 잊어버려요" "머리를 자주 때려서 이런 헤어스타일이 되었어요" "집에 빗이 없는데 사주시면 단정하게 빗고 나올게요" 등 언어 감각과 순발력이 대단했다. 다들 웃기 바빴다. 연예계 진출을 모색해보는 게 어떠냐는 농담에 조치훈은 "그럼 좀 소개해주세요"라고 응수했다. 나는 자세를 고쳐 앉았다. 승부사가 지닌 소탈한 인간미에 끌렸다. 인터뷰하고 싶어지는 유단자였다.

기풍이란 세상을 어떤 식으로 살아가겠다는 선언과 같다. 그의 별명은 '폭파 전문가'. 상대의 집을 부수고 도저히 살 수 없을 것 같은 돌을 타개하는 솜씨가 뛰어났다. 격렬한 행마를 즐겼다.

그를 만나고 싶다는 막연한 욕망을 2018년 봄에 이루었다. 조치훈이 입단 50년을 맞은 해였다. 1962년 숙부 고(故) 조남철 9단 손에 이끌려 일본 유학을 떠났을 때 그는 여섯 살이었다. 바둑 명문 기타니 도장에서 수학했고 1968년(11세 9개월)에 입단했다. 바둑판 위에서 반세기를 보낸 셈이다.

조치훈이 소속된 일본기원에 확인해보니 그해 5월 기준으로 통산 전적은 1,518승 836패였다. 세 판을 두면 두 판은 이기고 한 판은 진 셈이다. 그 숫자 뒤에 숨겨진 삶은 어떠할까. 바둑 한 판을 복기하듯이 인생을 처음부터 다시 놓아보고 싶었다. 어느 대목에서 곤란해하며 시간을 쓸지, 또 어떤 묘수를 들려줄지도 궁금했다.

한 가지 일에 인생을 건 사람은 드물다. 조치훈은 좋아한 것과 재능, 직업이 한 덩어리였다. 한국기원 도움을 받아 인터뷰를 요청했고 마침내 조치훈과 마주앉았다. 우리 사이에는 방금 끝난 대국의 바둑판이 놓여 있었다. 그는 "일찍 한국을 떠나 한국말이 서툴다"고 양해를 구하며 미소를 지었다. 동네 아저씨처럼 허술하고 푸근한 표정이었다. 이 치열한 승부사의 인생을 어디부터 어떻게 복기해야 하나. 나는 프로와 접바둑에서 첫 수를 놓아야 하는 아마추어처럼 조금 떨렸다. 호흡을 가다듬었다.

나를 더
사랑할 수
있었는데

일본에서 대삼관(大三冠·3대 기전 동시 석권)과 그랜드슬램(7대 기전 정복)의 신화를 일군 바둑기사 입에서 이 낱말이 나올 줄은 몰랐다. '후회.' 입단 50주년을 맞은 조치훈 9단은 프로 생활 반백년의 감회를 묻자 "후회가 많아요"라고 또렷하게 말했다. '후회'라는 단어가 낮고 무겁게 들렸다.

"더 열심히 공부하고 술 먹는 시간 줄였다면 더 잘했을 텐데, 하고 후회해요. 더 많은 승리, 더 많은 타이틀을 놓쳐서만은 아녜요. 저는 자신을 사랑할 수 있는 사람이 되고 싶었어요. 바둑만 보고 살아온 인생이잖아요. 더 열심히 했다면 스스로 만족하는 바둑을 두었을 테고 나를 좀 더 사랑할 수 있었겠지요."

그는 젊은 나이에 일본 기사들을 추풍낙엽처럼 쓰러뜨렸다. 1980년대 초중반 세계 바둑 1인자가 되었다. 그런데 후회라니. 2017년 4월 전인미답의 공식전 통산 1,500승

고지에 오른 기사가 할 말은 아닌 것 같았다. 이룰 것은
다 이루지 않았느냐고 묻자 조치훈은 "아니요. 요즘 많이
지고 있어요"라고 답했다. 미소를 머금었지만 쓸쓸해 보
였다.

2018년 5월 20일 경기 성남 K바둑 스튜디오. SG페어바
둑 32강전을 마치고 나온 그를 만났다. 최철한·오정아와
겨룬 조치훈·요시하라 유카리는 이날 일찍 돌을 거두었
다. 조치훈은 "지는 건 언제나 슬프지만 개인전이 아니라
서 상처가 덜하다"고 했다.

승률이 약 6할 5푼이더군요. 패배가 익숙하지는 않을 텐데요.
아무래도 이긴 기억보다는 진 기억이 더 오래 가요. 옛날에
는 위에서 (초일류 기사들과) 싸우다 지니까 더 슬프고 화가 났
어요. 지금은 자주 져 습관이 될 것도 같지만 슬프기는 마찬
가지예요.

**어쩌다 이 지경이 되었을까, 하는 서러움인가요. 전성기(20대부터
30대 초반) 지나고 나이 들면서 힘이 약해지는 건 어쩔 수 없는 일
아닙니까.**
다른 사람이 늙는 건 잘 보이는데 내가 늙었다는 생각은 안
해요. 바둑이 약해서 슬픈 거지, 나이와는 관계 없어요.

근년 들어 수읽기가 잘 안 된다거나 착각해서 바둑을 망치는 경우

도 있을 텐데요.

늙어서 실수한다는 말에 동의하지 않아요. 젊은 기사가 무조건 세지도 않고요. 50년 전에 바둑은 일본이 최고였고 거기서 배워야 성공한다고들 믿었어요. 지금은 어디서나 인터넷으로 공부할 수 있고, 한국 국내파 기사들이 더 강해요. 또 과거엔 30~40대에 전성기가 온다고 했지만 이젠 10대에서도 세계 챔피언이 나오잖아요. 저는 지금도 바둑 공부를 하면 실력이 강해질 수 있다는 희망을 가지고 있어요.

하루 일과가 궁금합니다.

오전에는 산책 삼아 골프를 치고, 다리 아프니까 사우나 가고, 오후에는 바둑 공부를 8시간씩 해요. 3시간은 커피 마시면서 공부하고 5시간은 술 마시면서 한다는 게 문제입니다 (웃음). 이기든 지든 일본기원이 대국료를 주는데, 형편없는 바둑을 두면 돈 받기도 창피해요. 공부를 하루도 거르지 않는 이유예요.

'목숨 걸고 둔다'는 명언을 남겼는데 요즘도 그렇게 엄숙하게 임하나요?

패하면 너무 슬프니까요. 하지만 전과는 좀 달라졌어요. 젊을 적에는 지면 죽고 싶다는 생각도 했는데, 나이를 먹으니 그런 생각은 싹 사라졌어요. 죽음이 멀리 있지 않으니까. 당장 내일 죽어도 이상하지 않으니 바둑에 질지언정 하루라도 더 살고 싶어요. 하하하.

인생을 한 판의 바둑으로 보면 이제 겨우 중반전인걸요. 종국까지 여러 수단이 남아 있습니다만.
저는 세상에 태어나 바둑만 했잖아요. 이것 말고는 길이 없네요.

공부에 도움이 되는 후배 기사를 꼽는다면.
김지석 9단의 기보는 꼭 챙겨 봐요. 존경할 만한 내용이 늘 있거든요. 박정환 9단은 AI(인공지능)의 능력을 가진 사람 같아 따라가기 어려워요. 중국의 커제 9단은 뭘 두는지 도통 모르겠고(웃음).

바둑과 골프, 사뭇 다른 두 스포츠를 직업과 취미로 삼았는데 혹시 공통점이 있습니까.
골프는 장타도 필요하지만 짧은 거리에서 퍼팅도 잘해야 해요. 바둑도 큰 그림과 자잘한 수읽기가 다 중요하지요. 또 복싱이나 테니스라면 강자가 십중팔구 이기겠지만 바둑이나 골프는 운도 좀 작용합니다. 약자가 심심찮게 강자를 꺾어요.

오늘 바둑에 패한 건 운이 안 따른 건가요?
2인 1조 페어 바둑이었잖아요. 제 짝이 실수해서 졌다고 생각하면 마음이 편해요. 짝도 아마 저를 탓할 거예요(웃음).

그가 1983년 기성·명인·혼인보 타이틀을 동시에 차지해 일본 바둑계 최초로 대삼관을 달성하기 직전의 일화다. 후지사와 슈코가 기성전 전야제에서 "딱 네 판만 가르쳐 주겠다"고 선전포고하자 도전자 조치훈이 응수했다. "딱 세 판만 배우겠다." 4승을 먼저 따내면 승리하는 7번기였다. 공교롭게도 조치훈은 세 판을 지고 네 판을 내리 이겨 타이틀을 획득했다.

선배 앞에서 기백이 대단했습니다.
저는 그런 말을 한 기억이 없는데 농담 아니었을까요?(웃음)

1986년 기성전 때는 휠체어를 타고 대국장에 나타나 '나에겐 (아직) 머리가 있고 오른손이 있다' 말했지요. 장고파답게 '대국에 지고도 시간이 남아 있다는 것은 도저히 이해할 수 없다'는 어록도 있더군요.
교통사고로 중상을 입었는데 우연히 머리와 오른손은 멀쩡했어요. '나에겐 머리가 있고 오른손이 있다'는 농담이 아니라 사실이었지요. 그 시절 일본은 이틀에 걸쳐 바둑을 두었어요. 기사에게 주어진 8시간을 다 쓰지도 않고 바둑에 진다는 건 나쁘다고 생각했습니다. 이젠 속기 바둑이 대세지요. 제 생각도 좀 달라졌는데, 시간이 많다고 해서 꼭 좋은 수를 발견하는 건 아녜요. 평소에 훈련이 충분히 되어 있으면 초읽기에 몰려도 헤쳐나갈 수 있습니다.

50년 동안 둔 수천 판의 바둑 가운데 기억에 남는 한 판이 있나요.
저는 지난 일은 잊어요. 과거의 영광을 생각할 만큼 늙지는 않았지요. 미래의 희망에 부풀 만큼 젊지도 않고요. 지금 이 순간을 열심히 사는 것만 생각해요.

숱한 우승 트로피들은 다 어디 있나요?
쳐다보기 싫고 매이고 싶지 않아서 다 버렸어요. 그런데 그 트로피를 가져간 사람이 있어요. 옆에 장모님이 사시는데 제가 버리는 족족 챙겨가셨으니 완전히 없어진 건 아니지요(조치훈은 2015년 아내와 사별했다). 과거의 영광은 그 집에 진열되어 있어요. 하하하.

조치훈을 가장 괴롭힌 상대는 누굽니까.
이창호 9단이 나타나자 조치훈은 아무것도 아닌 사람이 되고 말았지요. 이창호가 세상에서 저를 지운 셈입니다. 그를 가르친 사람은 조훈현 9단이고요(소년 이창호가 계산을 바탕으로 한 '균형바둑'으로 놀라운 성적을 올리자 '전투바둑'은 한동안 세력을 잃었다).

그를 미워했겠군요.
조훈현 씨는 저보다 소질도 있고 바둑도 세고 존경하는 사람이에요. 조훈현 씨가 일본에서 돌아온 뒤 한국에서 맹활약하자 이창호가 나타났고 이세돌이 등장한 거예요. 오늘의 한국 바둑은 조훈현과 이창호, 두 천재가 일구었다고 저는 생각합니다. ('조훈현 씨는 국회의원이 되었다'고 하자) 요즘 뭐가 뭔

과거의 영광을 생각할 만큼
늙지는 않았지요.
미래의 희망에 부풀 만큼
젊지도 않고요.
지금 이 순간을
열심히 사는 것만 생각해요.

지 모르겠고 너무 힘들다고 하길래 제가 그랬어요. 고생스럽 겠지만 좀 더 노력해서 대통령도 하시라고. 청와대 초청받아 밥 좀 얻어먹으려고요. 하하하.

이창호도 최근엔 정상권에서 멀어졌는데 그 모습을 보는 심정은 어떤가요.
너무 아파요. 믿을 수가 없어요. 제게 이창호는 넘기 어려운 열다섯 살 바둑 천재로 각인되어 있습니다. 내가 가장 셌을 때 그가 등장했지요. 천하무적 이창호가 마흔이 넘어 착각을 저지르고 좋았던 바둑을 그르치는 게 믿기질 않아요. 내 일 처럼 아파요.

평생 둔 바둑, 매력이 뭡니까.
아는 사람만 안다는 것이지요. 야구나 피아노는 문외한도 뭐 가 대단한지 금방 알게 되잖아요. 바둑은 너무 좋은데 모르 는 사람에게는 매력을 전할 방법이 없어요. 이기면 재미있 고 지면 슬프지만, 내용이 좋을 경우에는 질 때도 어떤 만족 감이 있습니다. 제가 아마추어라면 평생 바둑만 즐겨도 후회 없는 일생일 것 같아요.

조치훈은 2018년 4월 대주배 남녀 프로시니어 최강자전에서 정상 을 밟았다. 국내 기전 우승은 처음이었다. 그해에도 일본기원 협조 로 한국 시니어바둑리그(단체전)에 참가했다.

고향팀 부산 KH에너지를 위해 뛰는데 모국에서 대국할 땐 감정이 특별한가요?

아무래도 일본과는 달라요. 개인전이 아니고 단체전이라서 승부를 즐길 수도 있고요.

아예 소속을 한국기원으로 옮길 순 없는지요.

그럴 수 있다면 좋겠지만 저는 일본에서 바둑과 인생을 배우고 활동해왔잖아요. 도리가 아니지요. 무엇 때문에 일본에 있는가, 가끔 스스로에게 묻기는 해요. 한국으로 이주한다면 바둑 안 두고 놀면서 편하게 살고 싶어요.

승자와 패자가 어떤 의식을 치르듯 복기하는 풍경이 인상적입니다.

왜 졌는지, 어떻게 두어야 이길 수 있었는지 복기하면서 배워요. 그 과정에서 슬픔도 진정됩니다. 바둑에 지면 자신한테 화가 나고 어디다 분풀이도 하고 싶은데 복기를 하면 좀 풀어지는 거예요. 곧장 거리로 뛰쳐나간다면 누구 멱살 잡고 때릴지도 몰라요(웃음).

패자는 그 치욕적인 장소를 당장 떠나고 싶을 텐데요.

지고 그 자리에서 그냥 나가면 사고가 날 위험성이 있어요. 복기하는 과정에서 슬픔이 작아집니다. 아픔을 삭이는 과정이에요. 괴롭지만 그렇게 정리해야 안전하게 다음 바둑으로 건너갈 수 있지요.

대국 중에 '이 멍청이!'라고 외치거나 자기 머리를 쿵쿵 치는 습관이 있던데 오늘 헤어스타일은 깔끔하군요.

미용실을 바꾸었는데 멋대로 이렇게 깎아버렸어요. 불쾌했지요. 그런데 남들은 '전에는 노숙자 머리였는데 요즘엔 단정해 보인다'고 합니다. 머리 때리는 나쁜 버릇은 거의 고쳤어요. 오늘은 손수건으로 입을 틀어막고 두었고요(웃음).

말하는 센스와 순발력이 좋으신데, '바둑 안 뒀으면 코미디언이 되었을 것'이라고 한 적이 있지요?

지금도 소질이 있으면 그 방향으로 가고 싶은데 제가 말을 좀 더듬어요. 바둑 두지 않을 땐 웃고 농담하는 걸 즐깁니다. '희극왕'으로 불리는 배우 후지야마 간비의 연극, 아쓰미 기요시의 영화는 빼놓지 않고 보았지요.

일종의 균형회복이군요.

치열한 승부가 제 존재의 이유였잖아요. 가지고 있지 않아서 그랬는지, 정반대편에 있는 코미디에 끌렸어요. 별명은 '폭파 전문가'지만 시끄럽게 만드는 바둑보다 조용히 반집만 이기는 바둑을 존경합니다. 전성기의 이창호처럼.

왜 제자를 키우지 않았나요.

10년쯤 제자들과 함께 공부했는데 큰 성과는 없었어요. 못난 스승 탓이겠지요. 조훈현은 이창호가 천재라는 걸 처음부터 알고 있었을 거예요. 자기보다 세지는 순간이 온다는 것도요. 조훈현이 있으니 이창호가 있지만, 이창호가 있으니 또 조훈현이 있다고 저는 생각해요. 닭이 먼저냐 계란이 먼저냐지요. 바람직한 자극을 서로 주고받았을 겁니다.

알파고가 등장하고 나서 기풍도 사실상 사라지고 바둑에서 낭만과 재미가 사라졌다고 합니다.
알파고도 약점이 있는데 사람은 약점이 더 많아요. 공부를 하면 알파고처럼 둘 수 있다고 생각해요. 그런데 알파고는 이세돌과 커제를 이긴 다음에 은퇴해버렸지요. 기분 나빠요. 경우가 아니잖아요.

조치훈은 알파고에 대해 단단히 화가 나 있었다. 알파고가 지금 옆에 있고 말귀를 알아듣는다면 어떤 질문을 하겠느냐고 하자 "묻긴 뭘 물어요. 그런 매너가 어디 있냐. 소리치며 바둑돌을 한 주먹 던질 것"이라며 웃었다. 다시 50년 전으로 돌아간다면 더 열심히 공부해 이창호, 이세돌, 알파고를 싹 쓸어버리고 싶다고도 했다. 바둑 인생 마지막 목표를 묻자 착점을 궁리하는 표정으로 잠시 생각에 잠겼다.

바둑 안 두고 매일 놀고 골프 치고 술 먹으면 행복할까. 그렇진 않을 것 같아요. 바둑 때문에 평생 자책하며 고독하게 살았지만 덕분에 재미있는 인생이었어요. 끝까지 후회 없는 바둑을 두는 게 바둑에 대한 예의겠지요.

후회하지
않도록

축구에서 결정적인 찬스를 날리거나 실책으로 경기를 그르친 선수들은 하나같이 머리를 감싸쥔다. 얼굴을 가리기도 한다. 자책과 후회다. 진화생물학은 무리에게 쏟아질 위해로부터 중요한 머리를 보호하려는 방어 기제라고 그 행동을 설명한다. 조치훈이 대국 중에 머리를 주먹으로 쿵쿵 치는 버릇도 후회의 징표일까.

국어사전으로 '후회(後悔)'를 검색했다. '이전의 잘못을 깨치고 뉘우침'이라고 적혀 있었다. '후회 없는 삶을 살다' '다 지나간 일인데 후회한들 무슨 소용인가' '너무 경솔했다는 후회가 치밀었다' 같은 용례가 보였다. 이쪽이 아니라 저쪽에 두었어야 했는데, 복잡하지 않은 수읽기를 착각하다니, 라고 조치훈은 자책한다. 보통 사람도 종종 후회한다. 왜 진작 그 생각을 못 했을까, 그때 이렇게 말했어야 하는데, 라고.

시집 『뒹구는 돌은 언제 잠깨는가』 『남해금산』으로 유명한 이성복 시인은 '시인들의 시인'이라 불린다. 후배 시인들에게 일종의 교과서로 인식되기 때문이다. 그런 이성복 시인이 꼽은 천재 시인이 세 명 있다. 이상, 서정주, 황지우다. 생존 시인은 황지우가 유일하다.

"슬프다/ 내가 사랑했던 자리마다/ 모두 폐허다"로 시작되는 황지우의 시 「뼈아픈 후회」를 읊고 다닌 적이 있다. 특히 '폐허'라는 단어에 이르면 마치 그 낱말에 찔리기라도 한 것처럼 가슴 한 켠이 아팠다. 한때 공고하다고 믿은 무엇이 황량하게 무너져내리는 경험은 누구에게나 있으리라. 그것이 곧 폐허다.

'폭파 전문가' 조치훈은 말한다. "자신을 사랑할 수 있는 사람이 되고 싶었다"고. 평생 바둑 하나만 보고 살아온 그는 종종 후회한다. 술을 줄이고 좀 더 열심히 공부했다면 스스로 만족하는 바둑을 두었을 텐데, 그럼 나를 좀 더 사랑할 수 있었을 텐데, 라고.

바둑에 지면 복기고 뭐고 그냥 죽고 싶은 심정이라고 한다. 하지만 한 번 이겼다고 해서, 또 졌다고 해서 끝이 아니다. 복기는 자기반성 시간이다. 집에 가서 끙끙거리느니 승자에게 물어보는 게 더 효율적이다. 이긴 사람도 다르게 갔으면 어땠을까 궁금하다. 흑돌과 백돌로 그 '가지 않은 길'을 놓아보는 것이다.

기사들은 아플수록 복기를 한다. 승자는 무엇을 보고

패자는 무엇을 보지 못했는지 짚어본다. 진 날에는 상처에 소금을 뿌리는 것처럼 쓰라려도 그들은 복기한다. 인생도 마찬가지다. 같은 실수를 다시 하지 않기 위해, 후회하지 않으려고 고통을 견디는 것이다.

조치훈은 한동안 세계 바둑 챔피언이었다. 일본에서는 통산 75개의 타이틀을 획득했다. 어느 프로 기사보다 많은 숫자다. 이 승부사는 대삼관 네 차례, 본인방전 10연패 등 '기록 제조기'로 불렸다. 너무 많이 이겨서 한때는 자만에 빠진 적이 있었다.

50년 넘게 둔 바둑에서 여전히 실수를 저지르고 후회도 한다는 사실이 한편으로는 위로가 되었다. 그도 우리처럼 평범한 사람이기 때문이다. 조치훈은 승부 바깥에서는 코미디를 즐겼다. 웃음은 사람이 비관으로 침몰하지 않도록 균형을 잡아주는 선박의 평형수 같은 것이다. 심각한 바둑판으로 돌아가려면 쾌활한 유머가 필요했다.

2019년 6월에 다케미야 마사키 9단이 조치훈 9단과 대국하는 모습을 바둑TV에서 보았다. 신안국제시니어바둑대회 16강전. '우주류'와 '폭파 전문가'의 격돌이었다. 이날은 속기바둑이었지만 두 기사는 장고(長考)로 유명하다. 조치훈은 3시간을 들여 한 수를 놓은 적이 있다. 대국이 끝나고 무슨 생각을 그토록 골똘히 했는지 묻자 그는 이렇게 답했다고 한다. "잘못 둔 수를 후회했어요."

해설자가 그 일화를 들려주며 웃었다. 다케미야는 한 수에 5시간 7분을 들인 기록이 있다. 바둑 한 판은 적으면 100여 수, 많으면 300수 안팎에 이르러야 끝이 난다. 제한시간 8시간 가운데 자그마치 3시간 또는 5시간을 투자한 한 수라니. 그 바둑의 운명을 짊어진 중대한 착점일 수밖에 없다. 조치훈은 농담처럼 말했지만 사실은 후회하지 않으려고 무서우리만치 긴 시간을 쏟아부은 것이다. '1만 시간의 법칙' 따위는 우스워 보였다. 프로 기사는 국부적인 변화는 다 보는데 그 결과가 전국에 미칠 영향을 생각하느라 장고를 한다.

불리한 쪽은 형세를 바꿀 수 있는 수를 찾고 유리한 쪽은 '안전하게 이기고 싶다'는 욕망과 싸워야 한다. 장고 끝에 놓인 바둑돌에는 흥건하게 땀이 배어 있다. 조치훈은 말했다. 과거의 영광을 생각할 만큼 늙지는 않았다고. 미래의 희망에 부풀 만큼 젊지도 않다고. 이 치열한 승부사는 성공이나 명예보다 높은 경지가 무엇인지 가리키고 있었다. 바로 '자신을 사랑하는 것'이다. 그러려면 지금 이 순간을 열심히 살아야 한다. 조치훈의 '후회'. 마음이 무뎌지지 않도록 숫돌처럼 간직해야 할 단어를 찾았다.

인생을
'음미'하겠다는
발레리나
강수진

저한테
중요한 건
오늘이에요

강수진의 퇴장은 한 시대가 저문다는 것을 뜻한다. 그녀는 한국 발레 역사에서 세계적으로 사랑 받은 첫 무용수다. 독일 슈투트가르트 발레단에서 조금씩 전진하며 1996년 수석 자리에 올랐고 '브누아 드 라 당스(Benois de la Danse·무용계의 아카데미상)' '캄머탠쳐린(Kammertanzerin·궁중무용수)' '존 크랑코 상' 등을 받았다.

2004년에 무용 담당을 맡고부터 강수진을 만났으니 15년이 넘었다. 발레 인생 후반부를 목격한 셈이다. 2016년 여름에 은퇴 소식을 듣고 예술의전당에서 마주앉았을 때 인생에서 가장 빛난 시기가 언제였는지부터 물었다. 답이 뜻밖이었다.

"누구는 '브누아 드 라 당스'를 수상한 1999년을 강수진의 하이라이트로 꼽겠지요. 하지만 그 상을 받자마자 정강이뼈가 부러졌어요. 1년 넘게 쉬었습니다. 그때 생각했지요. 사람 일은 불공평하면서도 공평하구나. 무엇보다 발레단에서 군무를 오래 춘 것에 대해 감사해요."

무대 맨 뒷줄에서 춤추던 시절이 가장 아름다웠다는 고백이다. 이 무용수는 이름 없는 배역도 열심히 해 예술감독 눈에 들었고 한 계단씩 승급해 최고의 자리까지 올랐다. 강수진은 "남과 비교하면 불행해진다"며 "지루하게 반복되는 생활이었지만 하루하루 배역에 몰입한 게 쌓여서 이렇게 멀리 왔다"고 했다.

2007년 서울에서 열린 '강수진 발레 20년 감사모임'은 두고두고 기억하고 싶은 장면이다. "세상에서 가장 아름다운 발을 가진 그녀"라는 사회자(이금희 아나운서)의 소개를 받고 걸어나올 때부터 발레리나는 눈가를 훔치고 있었다. 그녀는 "또 펑펑 울지 모르니까 미리 양해 구할게요"라고 말하곤 종이를 꺼냈다. 귀국 비행기 안에서 썼다는 감사 편지였다.

"올해는 기쁜 일이 많았어요. 3월엔 '캄머탠처린' 칭호를 받았고, 7월엔 발레단 동료들이 제 입단 20주년 헌정 무대를 만들어주었어요. 과분한 것들입니다. 또 눈물이 나려고 하네요. 지나간 세월과 여러 일들이 스쳐갑니다. (우느라 말을 잇지 못하자 박수가 나왔다) 엄마, 아빠 그리고 소중한 분들의 얼굴이 보였습니다. 발레만 생각하고 사랑한 시간이었습니다. (길게 심호흡) 어디서 일하든 여러분들을 잊지 않겠……(다시 울음)."

강수진은 1980년 어머니 권유로 발레를 시작했다. 1982년 모나코 왕립발레학교에 입학했고 1985년 스위스 로잔 발레콩쿠르에서 우승하며 세계에 이름을 알렸다. 그러나 곧 시련이 닥쳤다. 1986년 슈투트가르트 발레단에 군무진(코르 드 발레)으로 입단한 직후 발목을 다친 것이다. 1년이 다 가도록 솔로는커녕 군무에도 끼기 어려웠다. 강수진은 "극장 옥상에 올라갔다가 뛰어내리고 싶은 충동에 몸을 떤 적도 있었다"고 했다.

　고통에서 벗어나려고 그녀는 남다른 선택을 했다. 연습 또 연습. 매일 15시간 이상 땀을 흘릴 땐 하루에 토슈즈를 네 켤레(보통 2~3주일치 소비량)나 써서 물품 담당자로부터 "아껴 써달라"는 주의를 받기도 했다. '못나서 더 아름다운 발'은 그렇게 태어났다. 그녀의 발 사진을 보고 그 뒤에 숨겨진 피와 땀을 헤아리며 삶에 자극을 받았다는 사람이 많다.

　강수진은 1993년 1월 〈로미오와 줄리엣〉에서 모든 발레리나가 꿈꾸는 주역(줄리엣)을 맡았다. 2007년 슈투트가르트 발레단이 그녀에게 헌정한 작품도 〈로미오와 줄리엣〉이었다. 발레리나로는 환갑이라는 마흔 살이었지만 강수진은 "몸이 더 좋아졌나 싶을 정도로 체력은 문제없다"고 했다. 20년 감사 모임이 있던 날, 다음 20년은 어떻게 살 것 같은지 물었다. 강수진은 "나는 멀리 보지 못한다"며 "오늘과 같을 것"이라고 답했다.

강수진에게 가장 엄격한 비평가는 강수진이었다. 은퇴 시기를 물을 때마다 "저는 자존심이 강해서 스스로 에너지가 떨어졌다고 판단하면 그날로 내려온다"며 덧붙이곤 했다. "아직 팔팔해요. 발레는 몸으로만 하는 건 아니고 정신으로도 하니까 아무리 아파도 즐거워요. 저한테 중요한 건 오늘이에요."

그리고 마침내 토슈즈를 벗는 날이 오고야 말았다.

음미(吟味)

　　　"미련 한 톨 없어요. 7월 23일 아침에 눈을 떴을 때 지구에서 저만큼 행복한 사람이 또 있을까요?"

　그녀는 들떠 있었다. 처음 주역을 맡아 무대에 등장했을 때도 이렇게 설레였을까. 강수진 국립발레단장은 2016년 7월 22일 밤 독일 슈투트가르트에서 올린 전막 발레 〈오네긴〉을 끝으로 마침내 토슈즈를 벗었다. 그녀는 "발레라는 '행복한 스트레스(good stress)'를 내려놓은 다음부터 어떤 일들이 펼쳐질지 자못 기대된다"며 "무대 밖의 인생을 음미하고 싶다"고 말했다.

　"7월 23일 아침에는 가장 맛없는 커피라도 내가 마시면 세상에서 가장 맛있는 커피가 될 것 같아요. 아이스크림도 마음껏 먹을 수 있겠네요. 발레리노가 더 이상 날 들어 올리지 않아도 되니까."

　인생을 음미하고 싶다고 강수진은 말했다. '음미'라는 낱말이 귓바퀴에 맴돌았다. 기억의 서랍에 넣어 이따금 꺼내보고 싶은 인터뷰였다. 발레리나에게 은퇴란 무대에 서느라 절제하고 삼가는 생활이 끝난다는 뜻이다. 우리가 아무렇지도 않게 누리는 일상을 그녀는 36년 동안 즐기지 못했다.

강수진의 하루는 한결같았다. 새벽 5시 기상. 커피를 마시며 몽롱한 정신을 깨운다. 두 시간 동안 스트레칭과 개인 훈련. 발레단에서 연습이나 공연을 하고 밤 11시 귀가……. 이제 은퇴하고 나면 늦잠을 자도 괜찮다. 자책하지 않아도 된다. 커피도 편안하고 여유 있게 맛볼 수 있으리라.

"제가 죽어도 이 발은 남겠네요."

2006년 여름이었다. 강수진은 한국예술종합학교 무용 연습실에서 오른발을 하늘색 실리콘 상자에 5분쯤 넣었다가 뺐다. 본을 뜨는 작업이었다. 몇 해 전 사진으로 공개된 뒤 수많은 네티즌들이 퍼나르며 유명해진 '세상에서 가장 못생긴 발'은 이렇게 브론즈(bronze·청동) 조형이 되었다.

"처음엔 안 하려고 했어요. 저만의 프라이버시인데……. 그 발 사진을 보고 감동받아 더 열심히 산 분들이 많았다는 말은 들었어요. 그래도 고민이 되었지만 콩쿠르가 더 발전하길 바라는 마음으로 결정했습니다."

당시 그녀는 서울국제무용콩쿠르 심사위원을 맡고 있

었다. 30년 가까이 발레를 한 그녀의 맨발은 사진으로 본 그대로였다. 옹이처럼 튀어나온 뼈, 뭉개진 발톱, 굳은살과 상처…… 학창 시절엔 고통을 줄이려고 발가락 사이사이에 소고기를 끼워 넣기도 했단다. 강수진은 "발레를 하는 한 상처와 통증이 늘 따라온다. '오늘은 아프지 말았으면'이 평소 발에 대해 생각하는 전부"라며 "아픔은 내 삶"이라고 했다.

인터넷에 떠도는 발 사진은 2002년 그녀와 결혼한 발레단 동료 툰치 소크맨(터키인)의 '작품'이다. 2001년인가 집에 놀러 온 그가 강수진의 발을 보고 "이런 '예술작품'은 기록으로 남겨야 한다"며 찍은 사진이란다. 이번엔 오른발을 '청동 조형'으로 갖게 된 발레리나는 "전설적인 발레리나들의 토슈즈나 의상(튀튀)은 박물관에 있지만, 발을 영구히 남기는 경우는 내가 처음 아니냐"며 눈웃음을 지었다.

강수진이 2009년 경기도 성남에서 중고교생을 대상으로 특강을 한 적이 있다. "지금 나이에 (공부를) 즐겨야지요. 나중에는 머리에 올리브 오일을 아무리 쳐도 안 돌아가거든요"라고 그녀가 말하자 객석이 웃음바다가 되었다. '공부에 다 때가 있다'는 이야기를 진부하지 않게, 유쾌하게 할 줄 알았다. 발레도 공부도 벼락치기는 통하지 않는다.

사람들은 기똥찬 성공 비결을
듣고 싶어하지만
저한텐 그런 게 없어요.
사실 지루한 반복처럼 보일 겁니다.
저는 내일을 믿지 않아요.
오늘 하루,
똑같은 일과를 되풀이하면서
조금 발전했다고 느끼면 만족해요.

한 학생이 '힘들 때 어떻게 극복했느냐'고 묻자 "발레를 하면 거의 매일 아프기 때문에 통증을 친구로 여기게 되었다. 힘든 게 내겐 보통"이라고 강수진은 답했다. 슈투트가르트 발레단 동료들은 그녀를 머신(기계)이라고 불렀다. "힘들게 안 살면 나중에 기쁠 때도 얼마나 기쁜지를 몰라요. 인생은 원(circle) 같아서, 오르막이 있으면 내리막도 와요. 친구들하고 떡볶이 먹을 때 행복하죠? 그렇게 작은 행복에 감사하세요. 때론 울면서 다시 시작하는 거예요."

강수진은 멀리 볼 줄 모르는 무용수였다. 2013년에 펴낸 자서전은 '나는 내일을 기다리지 않는다'라는 제목을 달고 나왔다. "사람들은 제게서 기똥찬 성공 비결을 듣고 싶어하지만 저한텐 그런 게 없어요. 사실 지루한 반복처럼 보일 겁니다. 저는 내일을 믿지 않아요. 오늘 하루, 똑같은 일과를 되풀이하면서 조금 발전했다고 느끼면 만족해요."

새로운 작품에 임할 때 그녀는 먼저 관련 서적을 찾아 읽는다. 거기서 얻어낸 상상력을 몸에 집어넣는다고 했다. 동양인이라는 게 장점이 되는지 묻자 흥미로운 답을 들려주었다. "난 어릴 적 한국에서 엄한 교육을 받았고 춤도 한국무용부터 배웠어요. 열다섯 살에 모국을 떠났기 때문에, 역설적이지만 요즘 한국의 젊은 무용수보다는 내가 더 한국적이라고 생각해요. 그 강한 뿌리가 인내심과 표현력에 도움을 줍니다."

발레는 남녀가 함께 호흡해야 좋은 춤이 나오는 예술이다. 강수진은 "파트너에도 '그냥 파트너' 'OK 파트너' '베스트 파트너'가 있다"면서 "내가 남에게 베스트 파트너가 되려고 하면 저도 베스트 파트너를 만날 확률이 높아진다"고 말했다. '숱한 인터뷰를 했지만 가장 듣고 싶었던 말은 기사에 실리지 않았다'고 자서전에 썼다. 그녀가 기대한 문장은 '강수진은 보잘것없어 보이는 하루하루를 반복하여 대단한 하루를 만들어 낸 사람이다'였다.

등장이 있으면 퇴장도 있다. 자기 춤이 세월에 침식되고 무너지는 모습을 관객이 보길 바라는 발레리나는 없다. 강수진은 "팔팔하고 몸이 따라와 줄 때 끝내고 싶었다"고 말했다. '2016년 7월 22일 은퇴'는 2014년 국립발레단장을 맡아 모국으로 돌아올 때부터 정해둔 스케줄이었다. 슈투트가르트 발레단 입단 30주년이 되는 해였다.

국내에서는 2015년 말 〈오네긴〉으로 고별 무대를 가졌다. 2016년 독일 공연은 자신을 성장시켜준 슈투트가르트 발레단과 현지 관객에게 바치는 작별 인사였다. 7월 22일이 남편 생일이라서 더 특별했다. 강수진은 "발레리나 아내를 둔 죄로 덩달아 오랫동안 스트레스에 시달린 신랑에게 주는 생일선물"이라고 했다.

"남편은 저보다 더 들떠 있어요. 강수진이 은퇴하면 자기가 편하게 살 수 있을 것 같대요. 아마도 저희 부부한테 굉장히 큰 변화가 오겠지요. 사실 발레를 하고 무대에 설 때는 함께 산책을 해도 제 머릿속에는 두세 가지 근심이 늘 들어 있었거든요."

은퇴작 〈오네긴〉은 존 크랑코(1927~1973)가 안무한 드라마 발레다. 강수진은 〈오네긴〉을 가장 좋아하는 작품, 여주인공 타티아나를 가장 좋아하는 배역으로 꼽는다. 매력적이지만 오만한 청년 오네긴을 향한 시골 처녀 타티아나의 짝사랑과 이별, 재회를 드라마틱하게 따라간다. 강수진은 "저도 타티아나처럼 세상 물정에 어둡고 순진하다"며 "매번 이 역을 할 때마다 타티아나의 일부가 되어 감정적으로 연결된 느낌을 받는다"고 했다.

무대에 오를 땐 토슈즈로 바닥을 콩콩콩 세 번 두드리는 버릇이 있다. 그것도 이번이 마지막이었다. 〈오네긴〉 끄트머리에서 타티아나가 오네긴을 향해 나가라고 손짓하는 대목을 떠올리더니 "한국에서 올린 고별 무대에서는 '이제 끝났다'는 감정이 뒤범벅되어 울음이 터졌고 걷잡을 수 없었다"며 "발레와의 이별을 주체 못 해 울고 있는 내가 벌써 보인다"고 했다.

잠, 승마, 골프, 와인, 여행……. 그녀가 은퇴하고 나서 음미하고 싶은 목록을 죽 읊었다. "가장 기대되는 건 잠이에요. 잠을 잘 못 자는데 수면제도 못 먹어요. 근육이 풀어져버리니까. 운동은 다칠까 봐 수영 빼고는 안 했어요. 삐끗하기라도 하면 큰일이잖아요. 골프는 배울 시간이 없었고, 와인도 두 잔 이상은 안 마셨는데 은퇴한 다음에는 괜찮겠지요? 여행도 공연장과 호텔을 왕복하는 식이 아니라 보통 사람들처럼 만끽하고 싶고요."

발레를 하면서 새벽 5시부터 규칙적으로 살아온 습관이 은퇴했다고 금방 달라지지는 않을 것이다. 강수진은 "발레라는 마라톤이 끝나기 전에 또 하나의 마라톤이 이미 시작되었다"고 했다. "국립발레단에서 다음 세대에게 기술뿐만 아니라 표현과 느낌까지 발레 DNA를 전수할 수 있게 된 것은 행운이에요. 무대에 설 때의 책임감이 없어진 만큼 앞으로는 이 임무에 더 몰입할 거예요."

세상 모든 선배들이 할 법한 진부한 이야기도 강수진 입에서 나오면 잠언처럼 들린다. 그녀가 노력의 화신이기 때문이다. '강철나비'라는 별명도 가지고 있다.

강수진의 경쟁자는 여전히 '어제의 강수진'이었다. 은퇴 인터뷰를 한 날도 나는 철학자와 마주앉은 듯한 느낌을 받았다. 그녀가 말을 이었다. "저는 그렇게 살아왔고 그 습관이 나쁜 것도 아니에요. 어제 컨디션이 꽝이었는데 오늘은 나아졌다면 저는 행복한 사람이지요. 반대로 오늘 컨디션이 꽝일 수 있잖아요. 그럼 제가 저하고 싸워서 더 가라앉지 않게 만들어야 해요. 하루가 끝나기 전에 마무리를 잘해 컨디션을 올려놓으려고 애썼어요."

강수진은 매우 긍정적인 사람이다. 발레단장은 몸이 아니라 머리를 쓰며 결정해야 할 일이 많다. 국립발레단 단원과 스태프는 140명에 이른다. 그녀는 "제가 발레단장이 되었을 때 아마 나보다 직원들이 더 겁났을 것"이라며 "다들 도와주셔서 많이 배웠고, 서로 호흡이 잘 맞는 것도 저한테는 행운"이라고 했다.

드디어 7월 22일 밤 그녀는 독일 슈투트가르트 오페라 극장에서 현역 무용수 생활을 마감하는 〈오네긴〉 무대에 올랐다. 여주인공 타티아나가 사랑을 포기하는 마지막 장면. 강수진은 오래도록 간직한 사랑의 편지를 품에 안고 비탄에 젖었다. 극장을 가득 메운 관객 1,400명도 그녀와 함께 전율했다. 막이 끝나기도 전에 박수와 발 구르는 소리, 브라보가 터져나왔다. 꽃 수십 송이가 무대 위로 던져졌다.

커튼콜이 끝나고 강수진 혼자 무대에 남았을 때 객석에 조명이 들어왔다. 관객이 일제히 일어나 종이를 펼쳤다. 빨간 하트 1,400개와 'Danke Sue-jin(고마워요 수진)'이라는 글자로 객석이 뒤덮였다. 강수진을 연호하는 소리가 20분 넘게 이어졌다. 발레리나로서 마지막인 날, 슈투트가르트 관객은 그녀와 함께한 30년에 감사하며 이렇게 앞날을 축복했다. 강수진은 "춤출 수 있는 상태로 마지막 공연을 해 행복했다"며 "새로운 삶을 시작할 힘까지 얻었다"고 했다.

하루하루가
'복권 당첨'

2007년 12월 말 슈투트가르트에서 시즌 마지막 무대를 본 기억이 떠오른다. 커튼콜 때 관객이 터뜨린 환호성과 박수가 강수진에겐 '제야(除夜)의 종소리'와 같았다. 극장에서 빠져나온 발레리나가 내뱉은 첫 마디는 이랬다. "내일 당장 김치 사러 갈 거예요!"

고국을 떠나 활동한 지 26년이 지났지만 오프시즌에는 DNA를 속일 수 없다. 한국인에게는 김치가 그렇다. 강수진은 "김치를 먹으면 땀으로 냄새가 배어나 파트너(남자 무용수)에겐 예의가 아니다"며 "시즌 중엔 김치도 마늘도 먹지 않는다"고 했다. 그렇게 삼가거나 절제해야 할 목록이 얼마나 길었을까.

"제게 한 해는 늘 마라톤이에요. 파트너와의 나이 차이는 갈수록 커지고 있어요(당시 파트너는 24세의 네덜란드인). 제 몸에 쌓인 발레 언어를 다음 세대에 전하는 것도 중요한 일입니다."

강수진은 그해 '캄머탠쳐린' 칭호를 받았고 '존 크랑코 상'도 차지했다. 그녀는 "감사할 일이 많은 해였지만 무용 인생 험하기는 상을 받으나 안 받으나 똑같다"며 이렇게 말했다. "수상한 다음 날도 아침 6시에 일어나 고단한 하루를 보내야 해요. 사람들은 내게서 근사한 말을 듣고 싶어하지만 내 생활은 결코 그렇지 않아요. 어쩌면 꿈꾸지 않고 지루한 하루하루를 반복한 게 지금의 나를 만든 것 같아요."

나는 그녀가 군무진부터 수석 무용수까지 꿈을 전진시켰다고 생각했는데 아니었다. 뜻밖이라는 표정을 짓자 강수진이 설명을 덧붙였다. "가장 좋아하는 발레 〈오네긴〉조차 난 꿈꿔본 적이 없어요. 목표 정하고 '언제까지 저걸 못 하면 난 죽어' 다짐하는 식이었다면 일찌감치 무용을 접었을 거예요. 어떤 분야든 톱에 오른 사람들은 보어링한(지루한) 인생을 가지고 있습니다."

당시 강수진은 마흔 살이었다. 그 세대의 발레리나들은 대부분 은퇴했거나 은퇴를 고민 중이었지만 그녀는 건재했다. 무용은 숙성될 시간을 기다려주지 않는 예술이다. 강수진은 줄곧 "최상의 공연을 더는 하기 어렵다고 판단되면 미련 없이 떠날 것"이라고 말해왔고 2016년이 바로 그 시점이었다.

은퇴 기념 인터뷰를 한 날, 터키 이스탄불 공항에서 테러가 일어났다. 터키는 남편의 모국, 시댁이 있는 나라다. 강수진은 "새벽에 소식을 접하고 깜짝 놀랐다"며 "우리 인생은 하루하루가 '복권 당첨'인 것 같다"고 했다.

"계획을 세우고 살지만 사람 일은 어떻게 될지 몰라요. 지진을 겪기도 하고 죽을 뻔한 일도 있었어요. 오늘 하루도 열심히, 감사하는 마음으로 살아야 후회가 없을 것 같아요. 오늘을 위해 살지 않고 내일을 위해 산다는 사람이 많은데 저는 반대해요. 폭탄 터지면 그건 끝이니까."

우리가 지루하다고 여기는 하루하루가 강수진에게는 퍽 흥미로울 수도 있겠구나. 여행이 판에 박힌 습관에서 탈출하는 일이라면, 그녀는 긴 여행을 떠나는 출국장에 서 있는 셈이었다. 목적지는 '평범한 일상'이다. 어린 시절 스튜어디스가 꿈이었다는 강수진 앞에서 발레라는 막이 닫히고 인생이라는 막이 열리고 있었다. 은퇴 이후의 강수진에게 강수진이 해주고 싶은 말을 물었다. 그녀는 0.5초도 망설임이 없었다.

"수진아, 그동안 고생했다. 하고 싶은 일을 열심히 한데 대해 토닥여 주고 싶다. 도와주신 분들께 감사하자. 강수진의 새로운 인생, 기대할게. 이제 좀 즐기자!"

이 또한 음미할 만한 대답이었다. 토슈즈는 약 250g이다. 책 한 권보다 가벼운 무게다. 하지만 이 토슈즈는 36년 동안 발레리나의 삶을 묵직하게 속박했다. 강수진은 이제

끈을 풀고 토슈즈를 벗었다. 무대에 비하면 세상은 몹시 무질서할 것이다. 하지만 훨씬 더 자유로울 것이다.

그녀 앞에 펼쳐질 새로운 무대의 이름은 '인생'이다. 낯선 일상으로 가는 활주로에 선 이 은퇴 무용수를 격하게 응원했다. 나 자신을 향한 다짐도 담겨 있었다. 하루하루는 복권 당첨과 같다고. 현재를 좀 더 음미하며 살자고.

가수 장사익이
가진 '주름'

열여섯 번째
직업

　　　"졸업했군요, 여러분은 망했습니다(You made it, and you are fucked)!"

명배우 로버트 드니로는 진실을 들려주는 어른처럼 이렇게 말문을 열었다. 2015년 미국 뉴욕대(NYU) 예술대 졸업식 자리였다. "간호대·치대·회계학·경영학은 모두 직업을 얻습니다. 여러분은? 망했습니다. 졸업하면 '좌절'과 '다음(next)'이라는 말에 익숙해져야 하니까요."

감독·연기·프로듀싱을 전공한 졸업생들이 대선배의 말에 귀를 기울이고 있었다. 세상으로 비행을 시작하는 청년들에게 꺼낸 이야기치고는 전혀 낭만적이지 않았다. 그는 선택받지 못해 난기류에 시달릴 일이 많을 거라는 우울한 예보를 하고 있었다. "우리는 한번 일한 사람과 다음 번에도 일하게 됩니다. 단단한 유대 관계를 만드세요"라고 조언한 이 명배우는 그래도 유머를 잃지 않았다. "저는 연출 전공자들에게 이력서를 들이밀기 위해 이 자리에 섰습니다"라고 이 연설을 맺었다.

드니로는 당시 72세였다. 일본 정부는 65세까지인 기업체 정년을 70세까지로 높이는 방안을 추진하고 있다. 저출산, 고령화 대책의 하나다. 우리나라에서 직장인은 '임금피크제'를 거쳐 '60세 정년'으로 일터에 마침표를 쾅 찍고 떠나야 할 운명이다. 근년 들어 정년 연장 문제를 진지하게 논의 중이다.

영화 〈인턴〉에서 70세 노인 벤(로버트 드니로)은 학교를 빼먹은 것처럼 은퇴가 즐거웠다. 세계여행, 요가, 요리, 화초 재배, 중국어 공부. 하지만 이내 시들해졌다. 줄스(앤 해서웨이)가 운영하는 온라인 쇼핑몰에 시니어 인턴 지원서를 낸다. 동영상 파일을 녹화하면서 자신의 장점을 나열하던 벤은 "내 삶에 난 '구멍'을 채우고 싶다"고 말한다. 성공한 경영자 줄스에게도 남모를 상처가 있다. 이영화는 그들이 서로 결핍을 메워나가는 드라마다.

벤은 일할 때 행복해지는 사람이다. 전화번호부 회사에서 퇴직한 그는 종이라곤 찾아볼 수 없는 온라인 쇼핑몰 회사에서 일하며 노트북 전원 켜는 법도 모른다. 하지만 다른 쓸모가 아주 많다. 우선 배려와 헌신이 몸에 배어 있다. 또 문자나 이모티콘이 아니라 진심 어린 말로 감정을 표현한다. 벤은 젊은 직원들 사이에 인기를 얻고 멘토가 되어간다. 일과 가정 사이에서 흔들리던 줄스에게도 그의 지혜는 요긴하다.

드니로는 영화 시작 5분 만에 왜 명배우인지 증명했다. 눈을 깜빡거릴 땐 한없이 귀엽고 '꽃보다 청춘'이 따로 없다. 〈인턴〉을 보면서 그가 뉴욕대 졸업식에서 한 연설이 겹쳐졌다. 졸업생을 격려하려고 던진 말이었지만 안에 담긴 진실은 의미심장하다. 학교 문을 나서는 순간 우리는 이력서를 들고 일자리를 구해야 한다. 길고 험난한 여행의 시작이다. 숱한 좌절과 상처가 기다리고 있다. 칠순이 넘은 명배우도 예외가 아니다.

로버트 드니로는 어릴 적 TV로 서부극을 보면서 '저 사람이 할 수 있다면 난들 왜 못 해'라고 생각했다고 한다. 연기는 결국 그의 생계수단이 되었다. 〈대부 2〉에서는 이탈리아계 미국인의 악센트를 배우려고 이탈리아에서 몇 달을 생활했다. 〈택시 드라이버〉에서는 불면증에 시달리는 택시기사로 완벽히 빙의했다. 연기 비법을 캐물으면 그는 "자기가 하는 연기에 대해 생각하면 안 된다. 그저 그 순간에 빠져들어야 한다"고 답했다. 메소드 연기를 발전시킨 '드니로 어프로치'의 창시자다.

이력서에는 그 사람이 걸어온 길이 나타난다. 이력서(履歷書)라는 한자를 풀면 '신발(履)을 끌고 온 역사(歷)의 기록(書)'이다. 〈인턴〉은 그 시간 속에 쌓인 경험의 가치를 아는 영화다. 면접 자리에서 벤은 "뮤지션한테 은퇴란 없어요. 음악이 사라지면 멈출 뿐이죠. 내겐 아직 음악이 남아 있어요"라고 했다.

벤은 영화가 만든 허구지만 한국에는 실존하는 증거가 있다. 40대 중반까지 방황하다 열여섯 번째 직업으로 마침내 가수가 된 남자, 장사익이다. 은퇴가 없는 직업을 가진 그를 2018년 서울 홍은동 자택에서 만났다. 화창한 봄 날이었다. 특별한 이력을 가진 이 소리꾼이 인생을 돌아보며 어떤 음악을 들려줄지 자못 궁금했다.

희망과
절망 사이를
시계추처럼

충남 홍성군 광천읍은 젓갈과 김이 명물이다. 광천새우젓, 광천김으로 유명하다. 가공 공장이 많을 뿐, 산지(産地)는 아니다. 광천은 한때 사금이 많이 나오던 고장이었다. 알부자가 많았다고 한다. 그 시절 광천시장은 충남 최대의 시장이었다. '광천에 가서 돈 있는 체하지 마라'는 말도 있다.

그곳이 고향인 남자는 어릴 적 웅변한답시고 산에 올라가 목청을 틔웠다. 젊을 땐 객기가 있었다. 상고를 졸업하고 보험회사에서 직장생활을 시작하며 3년간 서울 낙원상가 근처에 있는 가수학원에 다녔다. 현실에 치여 꿈을 접었다. 이리저리 직업을 옮겨 다녔다. 딸기 장수부터 카센터 직원까지 무려 열다섯 가지다. 인생은 정처 없이 돌고 돌았다. 1994년 마흔여섯 살이 되어서야 그는 마침내 긴 유랑을 끝냈다.

가수 장사익. 이름은 한자로 생각 '사(思)'에 날개 '익

(翼)'을 쓴다. 그는 "생각이 많아서 날아다녀요. 땅에 안 내려가. 현실적이지 않은 거요"라며 웃었다. 현실을 벗자 비로소 '나'를 찾았다는 것이다. "꿈이 높아서 직업에 적응을 못 한 거예요. 다 때려치우고 내가 하고자 하는 걸 전력투구하니까 되더라고."

지나온 길을 이력서에 담을 때 그보다 길게 직업을 나열할 수 있는 사람은 드물다. 장사익은 인생을 배우고 나서 가수가 된 셈이다. 여느 가수들과는 정반대 경로를 밟았다. 오랜 방황의 흔적 같은 그의 경력은 거꾸로 보면 노래를 숙성하는 과정일 수 있다.

"노래란 인생을 얘기하는 거예요. 젊은 가수들은 경험이라고는 사랑과 이별밖에 없잖아요. 어려서부터 화려한 조명을 받고 살았으니 조금만 힘들어도 적응이 안 되어 쓰러지고 깨져요. 저는 인생 굽이굽이를 돌았지요. 말이 그렇지 열다섯 번이나 잘리고. 하하하. 쓰러져도 일어날 수 있는 힘을 알게 모르게 비축하고 나서야 가수가 된 거예요."

열여섯 번째 직업으로 가수가 된 남자는 웃음이 참 많다. 그럴 때마다 자연스럽게 얼굴에 주름이 패였다. 몇 해전 손녀가 "할아버지는 얼굴에 왜 그렇게 줄이 많아?" 물어올 때 장사익은 이렇게 대꾸했단다. "야 인마, 저기 나무 있잖어. 봄 여름 가을 겨울 지나면 나무도 몸 안에 줄이 하나씩 생긴다. 너도 저 나무처럼 몸속 어딘가에 줄이 있을겨." 그는 "주름살은 인생의 계급장"이라며 "추하다고들 감추는데 잘만 쌓으면 주름살도 아름답다"고 했다.

유리창 밖 산비탈에서 개나리가 성곽을 타고 넘는 게 보였다. 앞뜰의 풍경(風磬)에는 물고기가 떨어져나간 자리에 CD를 매달아놓았다. 흔들릴 때마다 바람의 노래가 들렸다. 경북 안동의 고택(古宅)에 있던 오동나무 마루를 떼어와 탁자로 쓴다. 다리가 없으니 높지 않고 낮다. "겨울에 이 탁자에 누우면 남쪽 창으로 햇볕이 들어와 방보다 더 뜨뜻하다"고 했다. 늙은 소리꾼이 탁자에 길게 누워 주름 많은 얼굴에 볕을 쬐는 모습을 상상했다.

장사익은 직접 찻물을 끓여 다완(茶碗)에 대여섯 번쯤 채웠다. "평소에는 귀찮아서 안 마시고 손님 오실 때만 폼 잡느라 차를 대접한다"며 또 껄껄껄 웃었다. 그는 녹차를 한 모금 마시곤 "(고향 광천이 그렇듯이) 노래도 가공"이라고 말했다. "누구나 할 수는 있지만 인생의 양념, 손맛이 들어가야 하니까요."

장사익은 2018년 평창동계올림픽 폐막식에서 애국가를 불렀다. "요청을 받고 놀랐어요. 얼래, 이 쭈그렁뱅이한테? 통상 클래식 하는 사람들이 턱시도 입고 하잖아요. 나한테 맡긴 이유가 있을 텐데 어떻게 부를까? 어떻게 부르느냐가 중요해요. 새우젓과 김이 그렇지만 노래도 나

만의 맛을 담아 가공해야 합니다. 저는 키를 높여 우렁차
게 애국가를 불렀어요. 외국인들이 들을 텐데 '이 나라 사
람들 에너지가 이렇게 크구나. 함부로 하지 말아야겠다'
싶게요. 그리고 길이를 두 배로 늘여서 불렀지요. 아주 천
천히, 우리나라 산천처럼 굴곡지게."

　그날 애국가는 우렁차고 느렸다. 처음에는 어색해하던
관객이 나중엔 따라 불렀다. 장사익은 "어렸을 때 웅변한
답시고 산에 올라가 목청 틔우고 객지 나와서 직장생활
하며 가수학원 다니고 또 국악을 한 게 나이테처럼 다 몸
속에 들어 있다"며 "내 노래는 이 모든 게 짬뽕되고 응축
되어 나오는 소리 같다"고 했다.

　노래에도 뼈가 있다. 장사익의 말이다. "애국가처럼 온
국민이 다 아는 노래를 다르게 부르려면 자기만의 창법
이 있어야 합니다. 가수가 잡아내 표현하는 핵심이 바로
노래의 뼈예요"라고 했다. 그는 한복을 입고 나가 우리
전통의 소리를 들려주었다.

　장사익은 타인의 주름을 살필 줄도 안다. 가끔은 장례
식에서 노래를 한다. 그런 자리에서 부르는 유행가 중에
으뜸은 "연분홍 치마가 봄바람에 휘날리더라~"로 시작하
는 〈봄날은 간다〉라고 했다. "너무 엄숙한 노래를 부르면
안 돼요. 〈봄날은 간다〉는 하나의 레퀴엠이에요. 부르면
슬픔이 배가 됩니다. 그 상황에서 어떻게 부르는지, 그때

잎사귀 하나가 땅에 떨어져
나도 나무 한번 되어볼까 했는데
세상이 만만하지 않지요.
우리도 그렇잖아요.
기차를 탈까 말까, 기차에서 내릴까 말까,
망설입니다.
살려고 버둥거리는데
실패하기도 하고, 아프기도 하고.

도 노래의 뼈가 나와요. 슬플 땐 울어야 되잖아요. 가슴속 슬픔을 쓸어내리려면 슬픈 노래가 필요해요."

슬픔을 위로하는 것은 또 다른 슬픔이라는 말이 있다. 혼자 슬픔을 견디고 있다고 느낄 때는 슬픈 노래가 우리를 어루만진다. 조난 신호(SOS)에 응답하는 것과 같은 그 공감 덕에 슬픔이 진정된다. 울음이라는 행동이 인류 진화 과정에서 사라지지 않은 이유는 생존에 도움이 되었기 때문일 것이다.

장사익에게는 〈찔레꽃〉 〈꽃구경〉 〈이게 아닌데〉를 비롯해 꽃이나 봄을 노래한 곡이 많다. 꽃이 피면 슬프단다. 꽃이 질 것부터 생각하니까 그렇다. 〈찔레꽃〉은 숨은 향기를 보고 생각해 만든 곡이다. 〈꽃구경〉은 어릴 적 할아버지가 돌아가셨는데 벚꽃길 사이로 상여가 나가는 장면을 떠올려 지었다고 했다.

노래할 때 그는 눈가가 촉촉하다. 방송국 카메라는 놓칠세라 얼굴을 클로즈업하곤 한다. "속된 말로 입빠이 당겨요. 그걸 빅 클로즈업이라고 부르는데, 여느 가수와 달리 저한테 유난히 그게 많아요. 슬픔을 더 극대화하는 거죠. 제 얼굴을 보고 있으면 괜히 울고 싶어진대요. 하하하."

얼굴에 파도 치듯 또 한바탕 주름이 일렁였다. 장사익은 말했다. 무대에서는 딴 사람이 되는 것 같다고. 자기가 봐도 자기 같지 않다고. 무대에서 어디를 보고 노래하는지 묻자 그는 "허공을 보며 노래하는데 어떨 때는 아버지도 보이고 엄마도 보인다"고 했다.

"어머니 꽃구경 가요/ 제 등에 업히어 꽃구경 가요"로 시작하는 노래 〈꽃구경〉은 "산자락에 휘감겨 숲길이 짙어지자/ 아이구머니나/ 어머니는 그만 말을 잃더니/ 한 움큼씩 솔잎을 따서/ 가는 길 뒤에다 뿌리며 가네"로 이어진다. 그리고 "어머니 지금 뭐 하나요/ 솔잎은 뿌려서 뭐 하나요/ 아들아 내 아들아/ 너 혼자 내려갈 일 걱정이구나/ 길 잃고 헤맬까 걱정이구나" 하고 노래가 마무리되면 객석은 영락없이 눈물바다다.

장사익은 "〈꽃구경〉이 실은 요즘 일어나는 현상"이라고 했다. 나이 든 부모님을 요양병원으로 보내는 현대판 고려장 말이다. "해외 공연을 가면 교포들이 그 노래 듣고 펑펑 울어요. 심란할까 봐 〈꽃구경〉을 빼면 이렇게 항의해요. '무슨 소리여. 나 울리려고 왔어. 한바탕 울리려고 왔다고!' 그분들 대부분이 성공하려고 부모와 떨어져 모국 떠난 사람들이잖아요. 우리가 비극(悲劇)을 보는 이유도 그렇겠지요. 메마른 사람들이 하찮은 유행가 한 곡을 듣고 웁니다. 비 온 뒤에 세상이 맑아지듯이 다 울고 나면 개운해져요."

거칠어 보이는 주름들 안에 그렇게 툭 건드리면 터지는

꽃과 눈물이 숨어 있는지도 모른다. 2018년 공연 제목 '꽃인 듯 눈물인 듯'은 김춘수 시에서 가져왔다. "희망과 절망 사이를 시계추처럼 오가며 보낸 몇 개월이 '꽃인 듯 눈물인 듯'한데, 하물며 우리 인생이야 말할 필요도 없다"고 장사익은 말한다.

2016년 성대에서 혹을 제거하는 수술을 받고 8개월 동안 발성 연습을 하며 노래로 가는 길을 되찾아야 했던 시련이 담겨 있다. 가수가 노래를 잃고 지낸 시간은 눈물이었고 다시 부른 노래는 꽃이고 행복이었다. 몸에 나이테처럼 흔적도 남았다. 그는 "수술 후 목소리가 맑아졌지만 전처럼 파워풀하지는 않아요. 윗소리가 자신 있게 올라가지는 않고 가끔 뒤집어질 때도 있지요"라며 웃었다. 인생이 그렇듯이 뒤집어지면 뒤집어지는 대로 그 또한 노래가 될 것이다.

"수술하고 쉴 때는 다리 부러진 마라톤 선수처럼 앞이 안 보였어요. 좋아질지 나빠질지 의사도 몰라요. 영영 노래를 못 하게 되면 운전을 해야 하나 경비를 서야 하나. 막막했어요, 벼랑 끝에 선 듯이. 노래를 잃어버리고 나서야 내가 세상에 나온 이유를 알았지요. 마침 김춘수 선생님 시가 보였어요. (손뼉을 치며) 아, 이게 나한테 하는 말이구나. 노래는 나한테 인생의 꽃이자 눈물이구나. 노래를 대하는 태도가 달라졌어요."

'꽃인 듯 눈물인 듯'은 1부와 2부가 영 딴판이었다. 1부는 그가 지은 노래들을 불렀고 2부는 전부 유행가였다. 관객을 울렸다가 웃겼다. 장사익은 "제 노래로 채우는 1부가 무겁고 어둡고 슬프다면 2부는 나이트클럽인 셈"이라며 "울고 웃다가 나올 때는 개운해지는 것"이라고 했다. 일종의 '마음 샤워'다. "세상 사람 열에 아홉은 힘든 하루하루를 보내잖아요. 그들에게 진정한 위로는 뭘까요. 같이 울어주는 거라고 저는 생각해요."

무대에는 장치도 조명도 포그도 장면전환도 없다. 마을을 지키는 소슬하고 고즈넉한 나무처럼 장사익이 그곳에 서 있을 뿐이다. 노래도 한 곡이 5~6분으로 길다. 그는 "빠르고 요란한 세상에서 느리고 고요하게 거꾸로 가는 것"이라고 했다. 꽃인 듯 눈물인 듯, 희망과 절망 사이를 시계추처럼.

장사익은 시를 노래로 옮기곤 한다. 장사익 7집에 〈역(驛)〉이라는 노래가 있다. "잎사귀 하나가 가지를 놓는다/ 한세월 그냥 버티다 보면/ 덩달아 뿌리내려 나무 될 줄 알았다/ 기적이 운다/ 기적이 운다/ 꿈속까지 찾아와 서성댄다/ 세상은 다시 못 올 역일 뿐이다……" 경북 영주에 사는 김승기 시인의 시에 곡을 붙여 인생살이에 빗댔다.

"잎사귀 하나가 땅에 떨어져 나도 나무 한번 되어볼까 했는데 세상이 만만하지 않지요. 우리도 그렇잖아요. 기차를 탈까 말까, 기차에서 내릴까 말까, 망설입니다. 살려고 버둥거리는데 실패하기도 하고 아프기도 하고. 서울역에서 오도 가도 못하는 노숙자도 한때는 금의환향을 꿈꿨을 텐데요. 이렇게 인생을 반추하는 시를 노래할 수 있어 정말 행복해요."

그에게 작곡이란 입 안에서 굴리고 되새김질하며 길을 찾는 것이다. 장사익은 몸 어딘가에 스위치가 있는지 툭 건드리면 흥얼흥얼 노래가 흘러나왔다. 윤동주 시 「자화상」에 꽂혀 있다며 그는 읊조렸다. "산모퉁이 돌아 외딴 우물을 찾아가 들여다봅니다/ 거기에 늙은이 하나가 있는데 걔가 미워져 돌아옵니다/ 돌아가다 생각하니 가엾어 다시 와보니 늙은이는 그대로 있습니다……." 장사익은 "자신만만하게 산 사람이 몇이나 있겠느냐"며 "우물 속에 바람이 불고 구름이 흐르고 가을이 있고, 내 모습과 같다"고 했다.

그해 늦가을에 장사익 9집 〈자화상〉이 세상에 나왔다. 윤동주 〈자화상〉, 허영자 〈감〉, 기형도 〈엄마걱정〉 같은 신곡과 흘러간 가요들을 그만의 소리로 엮었다. 우리는 하루에 몇 번씩 거울을 본다. 시인과 화가도 어느 순간 궁금한 자신의 모습을 시나 그림으로 그린다. 장사익도 거울 속 사내가 궁금해졌다고 한다. 〈자화상〉은 그의 얼굴에 패인 주름들처럼 곡절 많은 인생이 들려주는 노래일지도 모른다.

장사익은 그해 7학년(칠순)이 되었다. 하지만 노인과 청춘이 한 몸에 공존하는 사람 같았다. "남들은 노래 인생 50년이라는데 나는 고작 스물네 해밖에 안 되었다"며 그가 웃었다. 원로 가수처럼 보이겠지만 사실은 아니라고. 가수 이력만 따지면 아직 팔팔한 축이라고.

장사익은 온갖 직업을 전전하다 1992년 카센터에서 퇴직한 다음에야 자신이 좋아하는 일을 시작했다. 태평소. 일명 날라리라 불리는, 아무도 거들떠보지 않는 국악 관악기였다. 장사익은 그 '있으나 마나 한' 태평소를 붙잡고 3년을 매진해 프로가 되어보자 마음먹었다. 밤 12시에 잠실 한강변에서도 불고 이불 속에서도 불며 독학했다. 정말 무섭게, 죽을 힘을 다했다고 한다.

"요 가락을 배워 내일 판(서울놀이마당)에서 불어야겠다. 그러면서 그때 제가 나름대로 성장했어요. 되더라고. 하찮은 것에 최선을 다하다 보니 뒤에 숨어 있던 노래의 길이 나한테 열린 거예요."

서태지와 아이들이 〈하여가〉를 부를 때 두루마기를 입고 태평소를 분 남자를 기억하는지. 바로 장사익이었다. 당시 미디어는 대중음악과 국악의 환상적인 만남이라고만 적었다. 그 '태평소 아저씨'가 훗날 전율의 소리꾼이 될 줄은 몰랐다.

장사익이 뒤풀이 때 가락을 부르는 솜씨를 피아니스트 임동창이 알아보았다. 어느 날 "형, 한번 해봐" 하며 등을 떠밀었다. 얼결에 무대에 오른 태평소 아저씨가 노래를 불렀고 객석이 뒤집어졌다. 기나긴 방황은 이날 끝났다. 그는 "김덕수 사물놀이패와 활동하면서부터는 걱정이 없었다"며 "아무리 사소한 일이라도 죽을 힘을 다해서 하면 길이 트이더라"고 했다. 〈인턴〉의 벤처럼 삶에 난 구멍을 그제야 메웠다. 마흔여섯 살이었다.

이게
아닌데

　　　　　장사익은 10대부터 연습생을 시작해 30대
가 되면 사실상 은퇴하는 요즘 아이돌 가수들과는 완전히
다른 길을 걸었다. 인생을 배우고 나서 마이크 앞에 섰다.
40대 중반에 다시 태어난 셈이다. "만약 아흔 살까지 산다
고 가정하면, 앞의 절반은 캄캄한 밤이었고 나머지 반은
대낮"이라고 말하는 그는 나이 먹는 게 재미있다고 했다.
　"마흔 다섯은/ 귀신이 와 서는 것이/ 보이는 나이"(시
「마흔 다섯」)라고 미당 서정주는 노래했다. 앞만 보고 달리
다 처음으로 뒤를 돌아보게 되는 나이는 사람마다 다를
것이다. 40대 중반은 그런 반환점의 상징이다. 어쩌면 장
사익은 귀신이 보인다는 그 나이에 '진짜 장사익'을 만났
는지도 모른다. 다시 태어나듯이 무(無)에서 새출발한 셈
이다.
　장사익은 주름을 노래하는 가수다. 주름은 보톡스 주사
로 숨겨야 할 흠집이 아니라 삶이 준 선물이라는 걸 그는

안다. 굴곡진 삶의 이력 하나하나를 소중히 여기는 자의 청량한 달관이 느껴졌다. 장사익이 웃을 때마다 나이테에 숨겨진 세월처럼 아름다운 무늬가 얼굴에 일렁였다.

온갖 직업을 경험해서일까. 그는 재주가 다양하다. 붓글씨도 잘 쓴다. '10년 공부'라는 말이 있듯이 흘림체로 10년을 썼더니 글씨가 나오더란다. 평소 붓글씨를 즐겨 써서 주변 사람들에게 선물해왔다. 이제는 막 팔려나갈 정도다. 디자이너 이상봉도 이 '장사익체'를 사용해 프랑스에서 히트쳤다.

2019년 봄에 기다리던 소식이 도착했다. 이 소리꾼이 '장사익 글씨 초대전'을 열었다. '落樂張書(낙락장서)'라는 이름 아래 70여 점을 선보였다. 그 전시회 제목은 '낙서하듯 즐기면서 장씨가 쓴 글'이라는 뜻이었다.

'엄마' '그냥' '봄꽃' 같은 단어를 강단 있게, 따뜻하게 썼다. 웃을 때 나타나는 주름처럼 부드럽게 구부러지는 글씨였다. 화선지뿐만 아니라 골판지 박스 뒷면을 이용하기도 했다. 대표곡으로 꼽히는 '찔레꽃'도 붉은 바탕의 상자에 쓰여 있었다. 일상의 소회, 마당의 들꽃 이야기, 글씨 쓸 때 심경, 아버지의 말씀 등 인생 철학이 응축된 낙서를 감상하는 재미가 쏠쏠했다. 붓으로 그린 노래였다.

그 작품들을 준비하느라 몸에 무리가 와서 목이 퉁퉁 붓고 눈에 포진이 왔다고 한다. 전시 수익금 중 일부는 유니세프에 기부했다. 장사익은 "글씨는 황홀한 고통"이라고 했다. 어쩌면 붓글씨가 이 소리꾼의 열일곱 번째 직업이 될는지도 모른다. 일흔 살이 넘어서도 '가지 않은 길'을 가는 그가 부러웠다.

집에 돌아와 장사익이 부른 〈이게 아닌데〉를 오랜만에 다시 들었다. 길이 끝났다고 생각했는데, 길의 무덤에 다다랐다고 여겼는데, 이제 시작일 수도 있구나. 공항 출국장에 선 것처럼 기분이 좋아졌다. 마침 40대 중반을 지나고 있는 사내가 나직이 노래를 흥얼거리게 되는 것이었다. 이게 아닌데. 이게 아닌데. 사는 게 이게 아닌데…….

철학자
김형석과
'구름'

하늘을
소유하는
방법

    겨울에 외출했다가 따뜻한 실내로 들어오면 안경 안쪽이 뿌예진다. 격한 운동을 할 때, 영화 보고 흐느낄 때, 유리창에 입김을 불 때, 달아오른 냄비 뚜껑이 덜그럭거릴 때, 그리고 기상청 태풍 사진에서도 우리는 이것의 여러 형태를 본다. H_2O. 우리 몸의 3분의 2를 차지하는 물이다.

  물은 거대한 바위도 쪼갤 수 있다. 결빙과 해빙을 되풀이한 결과다. 해발 4,158m 스위스 융프라우에서 본 알레치 빙하는 거대했다. 아주 오래전 마지막 빙하시대가 끝난 이래 변하지 않은 지형이다. 빙하가 지구를 핥은 흔적이 22km 길이로 펼쳐져 있었다. 강물은 흐르고 대양은 우아하게 선회하며 구름은 모였다가 흩어진다. 물이 세계를 순환시킨다고 해도 과장이 아니다. 담수는 문명을 부양하고 지속시킨 뿌리였다. 빗물은 숲과 평야를 지나 바다로 흘러가고 다시 하늘로 올라가 구름이 된다.

구름은 종류가 많다. 뭉게구름(적운), 새털구름(권운), 안개구름(층운), 양털구름, 삿갓구름…… 루크 하워드는 이 구름들이 '아빠'라고 부를 만한 영국 기상학자다. 적운·권운·층운 등 구름의 세 가지 기본 형태와 변형 구름들을 1803년에 그가 처음 명명했다. '구름의 종류에 관하여'라는 책도 펴냈다. "휘슬러가 안개를 그리기 전에는 런던에 안개가 없었다"(오스카 와일드)는 말처럼, 하워드가 이름을 부르기 전까지 구름은 그저 수증기 덩어리에 지나지 않았다.

　어릴 적엔 구름과 눈맞춤할 일이 많았다. 내가 10대를 보낸 지방 소도시는 높은 빌딩이나 아파트가 적었다. 시야가 탁 트여 있었다. 하늘에는 늘 형태가 다른 구름이 보였고 흘러가는 모습도 흥미로웠다. 그때는 일기예보를 눈여겨보지 않았다. 우중충한 회색 구름을 발견하고 우산을 챙기러 집으로 돌아오기도 했다. 이제는 어떻게 되었나. 눈을 뜨자마자 스마트폰을 더듬어 오늘의 날씨와 미세먼지 농도를 확인한다. 하늘을 한 번도 올려다보지 않는 날도 늘어간다.

　어떤 책을 읽다가 '구름과 함께한 드라이브'라는 표현에 눈길이 멈추었다. 혼자 차를 몰고 어딘가로 가는데 구름이 동반자가 되어준다는 뜻이다. 아차 싶어 하늘을 올려다보았다. 포근한 뭉게구름이 둥실 떠 있었다. 오래 잊고 있던 친구와 우연히 마주친 것마냥 반가웠다. 내가 허둥지둥 지나온 하루를 저 위에서 구름이 가만히 내려다보았을 것만 같다.

번잡한 세상사에 치이고 지칠 때 구름을 본다는 사람이 있다. 자신과 구름을 동일시하는 것이다. 구름은 무심하다. 그저 어디론가 흘러갈 뿐이다. 구름은 날마다 작은 파국을 맞지만 몸을 바꾸는 것일 뿐 완전히 소멸하지는 않는다. 보고 있노라면 내가 붙잡혀 있는 근심이 문득 사소해 보인다. 구름이 주는 위로다. 구름은 자연(自然), 즉 '스스로 있는 존재'니까.

내가 몸담은 신문이 2017년 6월에 지령(紙齡) 3만 호를 돌파했다. 지령이란 말 그대로 신문의 나이다. 3·1독립운동 이듬해인 1920년 3월 5일 창간해 일제강점기에 정간 4회와 폐간을 겪었지만 광복 후 복간해 3만 번째 신문을 발행한 것이다. 그 기념일에 누구를 인터뷰할까 고민하다 『백년을 살아보니』가 떠올랐다.

저자 김형석 연세대 명예교수도 1920년생이다. 실제로 100년을 살고 그 무렵 펴낸 책이 베스트셀러가 된 철학자는 세계적으로 아마 유일할 것이다. 보통 사람은 그 나이까지 살기도 어렵다. 100세에도 연간 150~200회나 강연을 하고 집필을 하는 것은 육체와 정신이 모두 건강하다는 증거다.

그 비결이 뭘까 궁금했는데 책에서 실마리를 발견했다. 바로 구름이었다. 김형석 교수는 『백년을 살아보니』에서 구름에 대해 이렇게 고백했다. "가난과 싸우며 고생스럽게 살면서도 거처를 마련할 때는 산이나 들이 보이는 곳을 찾아 다녔다. 하늘과 구름을 보고 싶어서이다. 80년 동안 구름을 사랑하며 살았다고 해도 과장이 아니다. 앞으로 10년만 더 건강과 여유가 생긴다면 또 한 가지 하고 싶은 일이 있다. 사진 기술을 배워 구름들을 찍어 사진으로 남기는 작업이다."

구름은 100세 철학자의 삶을 지탱해준 몇몇 기둥 중에 하나일는지도 모른다. 김형석 교수는 산책을 즐긴다. 도심에서는 소유할 수 없는 하늘과 구름을 자기 것으로 삼는 방법이라고 했다. 수소문해 알아낸 주소지는 서울 연희동. 안산(296m)의 서쪽 자락이다. 버스정류장부터 오르막 골목길을 200m쯤 걸었다. 그가 매일 오후에 오른다는 산책로 입구도 지났다. 단독주택 앞에 도착해 초인종을 눌렀다. 백년을 산 철학자가 현관문을 열어주었다. 봄꽃 같은 표정으로 환하게.

구름을 보면서
피곤을 풉니다

　　노(老)교수는 인터뷰 중간중간 치아를 드러내며 소년처럼 웃었다. 그는 도산 안창호(1878~1938) 강연을 듣고 윤동주(1917~1945) 시인과 동문수학하고 정진석(86) 추기경을 제자로 두었다. 당시 아흔여덟 살인데 꼿꼿했다. 틀니나 보청기나 지팡이 같은 노년의 그림자는 없었다. 『백년을 살아보니』는 출간 1년 만에 10만 부 넘게 판매되었다. 일주일에 서너 번씩 강의를 한다고 했다.

　김형석 명예교수는 지난 100년 역사를 증언할 수 있는 철학자다. 1920년 평남 대동에서 태어나 스물다섯 살에 광복을 맞았지만 환희는 짧았다. 공산주의를 경험하다 탈북했고 서른 살에 6·25 전쟁, 40대엔 4·19 혁명을 목격했다.

　서울 연희동 단독주택. 책상에는 200자 원고지와 펜, 국어대사전과 돋보기가 놓여 있었다. 고령에도 일하는데 진력나지 않느냐 묻자 철학자는 "여든 살이 될 때 좀 쉬

어봤는데 노는 게 더 힘들더라"며 덧붙였다. "내게는 일이 인생이에요. 남들은 '늙어서도 그렇게 바쁜데 행복하냐'고 묻습니다. 그들이 생각 못 하는 행복이 뭔고 하니, 내 일 덕분에 무엇인가 받아들인 상대방이 행복해하는 걸 보게 됩니다. 그게 제 행복이에요."

그때 얼마나 쉬셨어요?

한 1년 가까이요. 쉬니까 힘들어서 다시 일을 시작했지요. 철학자로서 많은 사람에게 도움이 되는 일을 끝까지 해보자 생각했습니다.

책에는 '60의 성능을 타고나 70의 결실을 거두면 성공한 사람이고, 90의 가능성이 주어졌는데 70에 머무르면 실패한 사람'이라고 썼습니다. 행복과 성공을 어떻게 정의하시나요.

사람들은 행복과 성공을 동전의 양면으로 생각하지요. 성공한 사람은 행복하고 행복한 사람은 성공했다고들 말해요. 그런데 그런 시대는 지났습니다. 제 손녀가 미국에서 MIT 졸업하고 애플에 취직했거든요. 무한 경쟁이에요. 하나 성취하면 또 다음 과제가 주어지고 또 그 다음이 오고. 안 그러면 밀려난대요. 성공한 것 같지만 행복하지는 않은 겁니다. '끝나지 않는 등산'을 하는 것과 같아요.

그럼 언제 즐거움을 느끼지요?

그 직장에 있는 동안에는 불가능에 가까워요. 제가 어느 대학 교수 채용 심사에 가보니 삼성그룹 부장급 여성이 응시한 겁니다. 봉급도 많고 대우도 좋을 텐데 왜 이쪽으로 오는지 물었지요. 너무 일에 쪼들리고 내가 없어지는 것 같아서라고 합디다. 일의 성취로만 행복을 가늠하면 상실감만 커지고 불행해져요.

철학을 전공했는데 일찍부터 인생 설계가 있었나요?
마흔 살이 될 때까지 가난하게 살았어요. 아르바이트하며 대학에 다녔고 해방되고 자리 잡히기도 전에 무일푼으로 탈북했지요. 겨우 안정을 찾는가 싶었을 때 전쟁이 터져 모든 게 수포로 돌아갔습니다. 좀 다른 얘기지만 철학 교수를 하면서 글을 써서 젊은이들 인생관과 가치관을 잡아주는 책임을 져야겠다고 생각했어요.

철학 독자는 없지만 수필 독자는 많지요.
밖에 나가면 수필 쓴 교수로 통했어요. 우리 철학과 교수들은 '궤도 밖 외도'라고 손가락질했지요. 저와 더불어 '철학계 삼총사'로 통하는 안병욱 숭실대 교수, 김태길 서울대 교수한테도 그랬어요. 그런데 요즘은 철학에 대한 기대는 낮아도 인문학에 대한 기대는 확대되었잖아요. '나는 나다. 시선에 구애받지 말고 내 인생은 내가 책임지자'는 생각이었습니다. 나와 더불어 사회가 성장하고 행복해지는 데 도움이 되는 게 더 크지, 상아탑이 학문의 전부는 아니에요. 사람들이 내 책이나 강의에 행복해하면 그 기운이 나한테 돌아옵니다. 그러니 출간도 강연도 많아요.

100세를 바라보는 노익장이네요.
솔직히 90 고개를 넘고 나니 내 건강, 내 노력의 한계를 자꾸 느껴요. 피곤하고 힘들고 도움을 받아야 하고. 그래서 나를 아는 사람은 요즘 인사가 '힘드시죠?'예요(웃음).

그날 인터뷰하는 100분 동안 김 교수의 폴더폰이 두 번 울렸다. 안창호기념사업회를 비롯한 강의 요청이었다. 그는 "고맙게도 내 강연을 듣는 대상이 기업체, 금융연수원, 교회, 학교 등 아주 다양하다"고 했다.

수입도 짭짤하시겠습니다.
미국 사는 딸이 그래요. 아들·딸·사위 다 정년 퇴직했는데 아버지 혼자 일하신다고. 그래서 난 행복해요. 재밌는 건 전에는 아들·딸들이 용돈을 갖다주었거든요. 식사를 하면 으레 자기네가 계산하고. 그런데 요새는 '(돈 버는) 아버지가 내세요' 합니다. 하하하.

저축도 하시나요?
관리하기 어려울 정도로 수입이 많지는 않아요. 내 노력으로 얻은 건 내가 써도 괜찮고, 상금이나 기타 수입은 쓰지 않는 게 원칙입니다. 나이가 들어도 수입이 있으면 돈 들어갈 구멍 많아요(웃음).

도산의 마지막 강연을 들으셨다고요?

도산 선생이 감옥에 있다가 병으로 휴가를 얻어 우리 시골마을 교회에서 설교를 하셨지요. 살다 보니 나를 오늘까지 키워준 분은 도산 안창호와 인촌 김성수 선생이에요. 도산에게는 애국심을, 인촌에게선 인간관계를 배웠지요. 이승만 박사가 왜 실패했는고 하니 소인배와 아첨꾼을 썼기 때문이에요. 박근혜 전 대통령은 편가르기를 했어요. 내 사람, 같이 일할 사람, 영 아닌 사람으로 나누었고 아닌 사람은 당 내에서까지 내쳤죠. 그렇게 분열되면 정치 못 해요.

인촌에 대한 친일 논란은 어떻게 보시나요.

만약 내가 인촌 선생한테 '선생님, 친일분자라는데 속상하시죠?' 물으면 '그건 괜찮아, 나라가 잘되고 국민이 행복하면 돼' 하실 분이에요. 국민 대부분은 일제시대를 살아보지 못했잖아요. 내 경우인데, 숭실학교 다닐 때 갈림길에 섰어요. 신사참배하고 학교를 다니느냐 거부하고 자퇴하느냐. 같이 공부하던 윤동주 시인은 그게 싫어 중3 때 만주로 떠났지요. 저는 자퇴하고 1년 동안 학교 안 다니다가 공부는 해야 할 것 같아 복학했습니다. 그때 똑똑히 봤어요.

사람은 성장하는 동안은 늙지 않아요.
저는 인생의 황금기는
60세부터 75세까지라고 믿고 있어요.
요사이도 60분 정도 강연은 서서 합니다.
우리 사회에는 성장을 일찍 포기하는
'늙은 젊은이들'이 너무 많아요.

어떤 일이 있었나요?

신사참배를 갔지요. 저는 키가 작아 맨 앞줄에서 교장 선생님을 따라 들어갔어요. 나오다 그이가 돌아서는데 얼굴 주름살 위로 눈물이 죽 흘러내렸어요. 신사참배 안 해도 되는 분이 우리 때문에 하셨구나, 학교와 학생을 지키려고 십자가를 지셨구나. 그렇게 생각하니 마음이 너무 아팠어요. 누구는 그를 친일파라 하겠지만 저는 부정합니다. 그때는 이름 있고 한 자리씩 가지고 있는 사람에겐 그런 일이 아주 많았어요. 정황도 모르면서 어떤 기록이 나왔으니 친일파다 하는 건 선부르고 얕은 생각이에요.

우리 민족성 가운데 시급히 고쳐야 할 단점은 무엇일까. 김 교수는 절대주의 사고 방식을 뒷받침하는 흑백논리를 꼽았다. 흑과 백은 바둑에는 있지만 사람에게는 없다. 현실에는 밝은 회색과 어두운 회색이 있을 뿐인데 우리 선조들은 '회색분자'를 나쁘게 평가했다. 그는 "흑백논리를 갖고 싸우는 동안 인간과 사회는 버림받거나 병들게 된다"고 지적했다. 부분적인 단점 때문에 더 많은 장점이 있는 사람을 배척한다는 것이다.

요즘 인사청문회 보셨습니까.

교육부 장관 후보자는 문제가 좀 많지요. 그런데 우리 사회에는 '반항하는 게 정의다'라는 통념이 100년 넘게 내려왔어요. 조선 말의 동학, 일제시대에도 그랬고 대한민국에서도 독재정권에 반항하는 게 정의가 되었어요. 반항은 정의, 순응은 불의인 겁니다.

무엇이 문제인가요?

그 의식을 가장 많이 가진 사람들이 좌파예요. 좌파는 철학 자체가 살기 위해서 항상 적(敵)을 두어야 하거든요. 교육부 장관 후보자는 과거에 한 언행을 기준으로 보면 인준을 못 받는다는 걸 알 만한 사람입니다. 그런데 좌파는 목적을 설정하면 거기 도달할 때까지는 어떤 수단·방법을 써도 정의예요. 운동권이 대부분 그렇습니다.

그것이 습관이 되어 목적만 있다면 자신에 대해 관대하다는 말씀인가요?

그들은 목적만 달성하면 과정은 용서받을 거라고 생각합니다. 저는 그런 사고 방식을 가진 사람들이 친일파 명단을 만들었다고 봐요. 김일성은 내 고향 사람이었어요. 김성주라는 이름으로 알고 있을 때 만난 적이 있지요. 우리 가족과 조반을 먹다가 '오래 국가를 떠나 있었는데 우리가 앞으로 할 일이 뭐라고 생각하냐'고 내가 물었어요.

김일성이 어떻게 답하던가요?

첫째 친일파 숙청, 둘째 토지 국유화, 셋째 재벌과 지주 숙청…… 죽 읊는데 아, 저 사람은 철저한 공산주의자로구나 했죠. 그들을 추종하는 사람들이 말하길 북한은 친일파를 숙청했는데 남한은 포용했다고 주장합니다. 정치적 이분법이죠. 공산 치하에서 저는 일제강점기보다 더 심한 정신적 고통을 받았어요. 자유를 향해서라기보다 살아남기 위해 탈북했죠. 주체사상 이론가였던 황장엽 씨는 말년에 제게 이렇게 말했습니다. 북한에 남았다가 일생을 무의미하게 빼앗기고 말았다고.

책에는 '경험주의가 필요하다'고 쓰셨습니다.

학문이나 사상은 합리주의가 앞설 때도 있지만 정치나 경제는 경험주의를 택해야 해요. 현실 경험을 바탕으로 문제를 개선해나가는 겁니다. 실제로 경험·공리·실용의 가치를 추구한 사회가 열매를 거두고 있어요. 극성스럽게 반미(反美)를 외치던 중국도 그 뒤를 따르고 있습니다. 상대방과 생각이 같으면 대화보다 행동이 필요하고 생각이 다를 때는 상대방 얘기를 들어야 합니다. 버릴 건 버리고 고칠 건 고친 다음에 나도 너도 아닌 모두에게 도움이 되는 쪽으로 가야죠.

98세 철학자의 일과는 이렇다. 아침 6시에 일어나 밤 11시에 잔다. 하루 한 시간쯤 산책하며 강의나 원고를 머릿속으로 정리한다. 일주일에 세 번 수영장에 간다. 환갑에 수영을 시작했다. "수영은 누적된 피곤을 풀어줄 뿐만 아니라 하고 나면 새로운 정신적 작업을 할 의욕이 솟는다"고 했다. 현재 그 수영장 최고령이다. 90세가 넘는 사람은 회원 자격이 없지만 여직원은 김 교수를 70대 중반쯤으로 여긴다고 했다. 100세 노인이 불쌍해 모르는 척하는 건 아닐까. 그는 "늙은 사람에게는 생활 자체가 운동을 동반하는 습관이 되어야 한다"며 "내 방은 2층이고 하루에도 몇 번씩 층층대를 오르내린다"고 말했다.

낮잠도 주무시나요?

잠깐씩 잘 자요. 낼모레 충북 제천에 강의 갈 때는 차 안에서 계속 잘 겁니다. 나한테는 그게 시간을 버는 거예요. 일을 많이 할 수 있는 습관이지요. 어떤 때는 버스에서도 졸다가 몇 정거장 지나서 내리고 그래요(웃음).

65세부터 노년기라고 합니다. 정신력은 여전한데 체력이 달리거나 반대로 몸은 건강한데 정신이 쇠하기 시작하지요.

나와 가까운 사람들은 그런 생각 버린 지 오랩니다. 사람은 성장하는 동안은 늙지 않아요. 저는 인생의 황금기는 60세부터 75세까지라고 믿고 있어요. 요사이도 60분 정도 강연은 서서 합니다. 우리 사회에는 성장을 일찍 포기하는 '늙은 젊은이들'이 너무 많아요.

책에서 '여자 친구'라는 단어를 봤습니다만.

하하하. 제가 20년 넘게 병중에 있던 아내를 떠나보냈어요. 오랫동안 혼자 지낸다는 걸 아는 제자가 많아요. 제자도 80이 넘었으니 이제는 친구예요. 교정 봐주시고 지방 갈 때 운전도 해주시는 분이 있는데, 어떤 제자가 쓱 보고 묻는 겁니다. 누구시냐고. 제가 그때 머리가 빨리 돌았으면 '내 여자 친구다!' 했을 텐데 그만 차가 출발해버렸어요. 그랬다면 제자가 야, 우리 선생님 최고라며 여기저기 자랑할 텐데 제가 찬스를 놓쳤어요. 하하하.

농담 아니고 진짜 없으세요?

요담에 나이 들어보면 알 텐데 80대까지는 남자라는 생각이 있었어요. 안병욱 선생은 어느 호텔 커피숍 단골이었는데 하루는 거기서 일하던 아가씨가 결혼한다고 주례를 부탁하는 겁니다. 응 그래야지, 했는데 그 다음부터 커피 맛이 싹 떨어지더랍니다(웃음).

정이 들었군요.

네. 80대까지는 그래요. 90 고개 넘으니까 남성·여성이 전부 인간애로 바뀝니다. 부부도 처음엔 연정으로 살고 애들 키우며 애정으로 살고 늙은 다음엔 인간애예요.

'한 발로 서 있는 것 같은 쓸쓸함'이라고 표현하셨는데 빈 구멍들을 어떻게 메우나요?

돌아가시기 전에 어머니는 이 방, 아내는 저 방에 있었고 저는 2층을 썼어요. 어머니가 '다 떠나면 집이 비어서 어떡하냐'고 걱정하셨는데 재혼하라는 뜻인 줄 그땐 몰랐어요. 제게 어머니와 아내는 '집'이에요. 이젠 빈집이 되었지요. 안병욱 선생, 김태길 선생도 가니까 온 세상이 빈 것 같았어요. 더 열심히 일을 했습니다.

젊어서는 10년, 20년도 설계하지만 노년은 미래를 예측하기 어렵다. 김 교수는 "90 언덕 위에 선 뒤부터는 삶의 계획이 2~3년 단위로 짧아졌다"고 했다. 한 편의 글을 그냥저냥 쓰다가도 마무리할 때가 되면 누구나 바짝 긴장한다. 육상경기를 할 때도 마지막에 기운을 왕창 쏟고 꽃도 지기 직전에 으뜸으로 화사하다.

스마트폰 아니고 폴더폰을 쓰시네요.
전화 걸고 받기만 하면 돼요. 문자도 안 봐요. 요즘 사람들 어딜 가나 다들 여기에 붙잡혀 있는 걸 보면 안쓰러워요. 스마트폰 샀더라면 큰일 날 뻔했어요. 없으니 얼마나 행복한가 생각하죠.

자녀를 여섯이나 키우셨는데 요즘 한국 사회의 난제 중 하나가 교육입니다.
어린애를 수재나 영재로 만들려고 간섭하고 고생시키는 건 볏모를 잡아 빼서 빨리 자라게 하는 것처럼 위험해요. 학교 교육이 진학을 위한 준비 과정으로 전락하고 말았습니다. 비유가 좀 그렇지만 강아지도 여섯 마리 모아놓으면 저희끼리 교육이 돼요. 저희 집은 성적이 부진하던 세 아이가 나중에 다 교수가 되었어요. 성적 떨어져도 주눅들 필요 없다고 가르쳤습니다. 걔들은 기억력이 좋은 것이고 너희는 사고력이 좋으니 길게 보라고. 인생은 50세 이전에는 평가해서는 안 됩니다.

인생이라는 마라톤이 마지막 구간으로 접어드는데 어떤 계획을 갖고 계신가요.
아무한테도 얘기 안 했는데, 금년 말쯤 되면 기억력은 괜찮아도 사고력에 지장이 있을 것 같아요. 다행히 오래 살았으니 마무리하고 싶은 걸 미리 준비하자고 생각했어요. 『예수』 『어떻게 믿을 것인가』에 이어 올가을엔 기독교가 우리 사회에 어떤 희망을 줄 수 있는지 담은 책을 냅니다. 그리고 『백년을 살아보니』 후속편은 아니지만 행복론에 대한 책에 착수해요. 내년 봄까지는 지금처럼 바쁘게 생겼어요. 그럼 하고 싶은 일은 다 끝날 것 같아요.

돌아보면 어떤 인생을 산 것 같으세요.
그렇게 살 수밖에 없지 않았나, 섭리였다는 생각을 합니다.

'늙은 젊은이들'에게 오래 산 지혜를 들려주신다면.
60세부터 제2의 마라톤을 시작하세요. 공부도 좋고 취미도 좋아요. 90까지는 자신을 가지고 뛰십시오. 80에 끝나더라도 할 수 없고요. 나더러 어떻게 살았느냐고 묻는다면, 고달팠지만 행복했다, 다른 사람에게 행복을 줄 수 있어 행복했다고 말하겠습니다. 남을 위해 살면 행복해집니다.

혼자 사는 집은 좀 휑뎅그렁했다. 『백년을 살아보니』에서 사진 기술을 배워 구름을 찍고 싶다는 대목을 읽은 터라 구름 사진이 잘 나온 책 한 권을 선물로 들고 갔다. 김 교수는 "사진은 아직 시작도 못 했다"며 "구름은 자꾸 변하고, 보는 그때 그 순간이 가장 아름답다"고 했다. 지금도 구름 끼는 날에는 뒷산에 오른다는 철학자가 덧붙였다. "구름을 보면서 피곤을 풀지요."

정말 아무렇지도 않게 그는 말했다. 구름을 보면서 피곤을 푼다고. 카메라를 장만하지 않는 편이 나을 것 같았다.

98세

김형석 교수 인터뷰는 독자 반응이 뜨거웠다. 지난 20년 동안 쓴 기사 중에 으뜸이었다. 몇 년이 지났는데 여전히 공유되는 것을 목격한다.

고령사회라는 증거겠지만 정년 퇴임식에서도 이 인터뷰가 종종 인용된다. "인생의 황금기는 60세부터 75세까지고, 제2의 마라톤을 시작해야 하며, 90세까지는 자신을 가지고 뛰라"는 대목이 기운을 북돋아 주는 모양이다. 김형석 교수는 그 말을 몸소 증명해 보였으니 허황된 덕담이 아니다. 믿고 이정표로 삼을 만하다.

"하루는 길고 1년은 짧다"고 노인들은 말한다. 하루가 긴 까닭은 할 일이 없기 때문이다. 김 교수는 다르다. 세월의 길이에 대해 물었을 때 그는 "벌써 그렇게 되었나 싶을 뿐, 길게는 안 느껴진다"고 답했다. 100세에도 일을 할 수 있고 자신을 필요로 하는 곳이 많아 행복하다는 것이다. 이 철학자는 "젊었을 땐 생각이 얕았고 행복이 뭔지도 몰랐는데 60세쯤 되니 생각이 깊어지고 행복이 무엇인지, 세상을 어떻게 살아야 하는지 알게 되었다"며 "인생을 되돌릴 수 있다면 60세로 돌아가고 싶다"고 했다.

2018년부터 주말섹션에 '김형석의 100세일기'라는 코너가 새로 만들어졌다. 100년을 산 현역 철학자가 쓴 원고가 매주 내 이메일로 들어왔다. 구름에 대한 글도 있었다. "인간은 자연에서 태어나 자연과 더불어 살다가 자연의 품으로 돌아간다"며 "하늘에 언제나 다른 형태로 태어났다가 자취를 감추는 구름을 보는 것이 소박한 즐거움이었다"고 그는 썼다. '욕심 없는 사람이 행복해진다'는 가르침을 구름에게 배웠다고 했다.

KBS 〈인간극장〉은 이 철학자의 일상을 카메라에 담았다. 2019년 1월에 신년특집으로 5회에 걸쳐 방영했다. 어머니와 아내를 먼저 떠나 보내고 혼자 사는 연희동 자택을 TV로 다시 볼 수 있었다. 집에 있던 가구나 집기 대부분은 강원도 양구 철학의 집에 기증했다고 한다. 뒷산을 산책할 때 그는 허청허청 걷지 않았다. 구름을 바라보며 생각에 잠겨 있는 모습도 반가웠다. 김 교수는 왕성한 활동의 비결에 대해 "허무와 공허의 힘을 빌려 사색을 하고 글을 쓴다"고 말했다. 구름 철학자다운 답이었다.

신년 인사에는 기복 신앙이 남아 있다. "새해 복 많이 받으세요!" 종교도 없고 자신 말고는 아무것도 섬기지 않지만 우리는 이런 인사를 주고 받는다. 100세 철학자의 새해 소망은 뭘지 궁금했다. 김형석 교수는 "99세까지는 (나이가) 두 자리 숫자였는데 이제 세 자리 숫자"라며 "오늘까지 살아오고 일한 데 대해 감사한 마음이고, 한편으론 남은 인생을 어떻게 이끌고 가나 하는 근심도 있다"고 말했다.

"더 늙지는 말아야겠다는 결론을 내렸어요. 제가 98세 때 가장 건강하게 일을 많이 했습니다. 책을 두 권 냈고 강연도 160회 이상 했고요. 그 1년이 제 인생에서 가장 보람 있는 나이가 아니었나 싶습니다. 그 다음부터는 해가 바뀌어도 '새로운 98세'로 생각하기로 했어요. 더는 늙지 않고 일했으면 하는 희망입니다. 요즘도 쓰고 가르치면서 계속 공부해요."

내가 인터뷰한 때 그는 98세였다. 100세 철학자가 들려준 말에 적잖은 감동을 받았다. 범접하기 어려운 어떤 경지였다. "더 늙지 말고 98세처럼 일하고 싶다"고 할 만한 한 시절이 나에게도 올까. 애면글면 사는데 인생을 알 만한 지점에 이르면 그런 눈을 뜰 수 있을까.

때때로 큰 생각은 큰 광경에서, 새로운 생각은 새로운 장소에서 나온다. '구름 스승님'부터 모셔야 하나 싶어 밖으로 나갔다. 비가 지나간 하늘에 뭉게구름이 떠 있었다. 무심하게 말없이. 앞질러 걱정할 게 무언가, 라는 표정으로.

PART 2

어둠은 빛을
더 빛나게 한다

야구선수 박찬호를
만든 '98패'

울버린

극장의 현실 도피를 좋아한다. 수퍼히어로 영화를 즐기는 건 아니다. 캐릭터가 비현실적이고 무엇보다 주인공에 감정이입하기 버거워서다. 평범한 인물이 특수한 상황에 빠지는 이야기에 끌리는데 수퍼히어로 영화는 정반대다. 아주 특출난 인물이 무능한 대중 속으로 툭 던져지는 식이랄까. 쾌감을 극대화하려는 설정일 것이다. 하지만 옷이 다 찢어졌는데 팬티는 말짱한 헐크처럼 어정쩡하고 마뜩잖다.

영화 〈로건〉(2017)도 그저 그런 오락물이겠거니 넘겨짚었다. 로건(휴 잭맨)은 손가락 사이에서 날카로운 강철 손톱이 튀어나오는 늑대 인간 울버린의 다른 이름이다. 그런데 이런 감상평이 호기심을 당겼다. "정서적으로 힘들어서 겁나지만 또 보고 싶다" "짠하네요. 화장지 꼭 챙겨 가세요". 최루성 수퍼히어로 영화의 등장이라니. 그 눈물이 어떤 종류일까 궁금했다. 양파 깔 때 분비되는 '화학적 눈물'은 아닐 테고 슬퍼서 흘리는 '정서적 눈물'일까 아니면 감동할 때 나온다는 '영적인 눈물'일까.

때는 2029년, 로건은 외딴 은신처에서 병든 프로페서 X(패트릭 스튜어트)를 돌보며 리무진 운전기사로 살고 있다. 동네 깡패들에게 두들겨 맞는 첫 장면부터 그는 낯설다. 내가 알던 그 초능력자가 아니다. 험악한 무리에 쫓기는 돌연변이 소녀 로라(다프네 킨)를 만나면서 이야기는 급회전한다.

지난 〈엑스맨〉 시리즈에서 울버린은 결코 늙지 않았다. 상처도 저절로 치유되었다. 골격에 아다만티움이라는 외계 금속이 주입되어 더 막강해졌다. 하지만 로건은 이제 늙고 지쳐 있고 눈까지 침침하다. 초능력을 잃고 추락한 수퍼히어로 같다. 아끼는 사람들을 모두 잃었다는 좌절감과 죄의식으로부터 도피하면서 악몽에 시달려온 로건은 쓸쓸하게 중얼거린다. "(돌연변이인) 우리는 신의 계획이 아니라 실수인지도 몰라."

2000년부터 이어져온 영화 〈엑스맨〉 시리즈의 주인공은 초능력 돌연변이들이었다. 울버린은 그중에서도 인기 있는 캐릭터였다. 〈엑스맨 탄생: 울버린〉(2009) 〈더 울버린〉(2013)을 비롯해 그를 주인공으로 내세운 영화들이 따로 나올 정도였다. 〈로건〉은 그 후속편이자 휴 잭맨의 울버린 은퇴작이었다.

한 배우가 17년 동안 같은 배역을 연기하다 작별을 고하는 경우는 매우 드물다. 자동차에 빗대면 폐차장에 보내도 아무렇지 않을 정도로 긴 시간 아닌가. 잭맨은 수퍼히어로 영화 사상 최장 기간, 최다 편수(9편)에서 울버린으로 살며 생물학적으로 늙어갔다. 자기 관리를 철저히 했고 관객을 실망시키지 않았다는 뜻이다. 그 자체로 한 시대의 영웅인 셈이다.

이 호주 배우는 2000년 〈엑스맨〉에 출연하기 전까지는 무명에 가까웠다. 사실상 벤치멤버였다. 브라이언 싱어 감독은 울버린으로 낙점한 배우가 다치자 그를 호출했다. 휴 잭맨은 갑자기 경기에 투입된 것이다.

울버린이라는 역할은 터프했다. 대사는 몇 줄뿐인데 실어야 할 감정이 많았다. 잭맨은 '핵주먹' 마이크 타이슨의 신인 시절 복싱을 참고했다. 그 동물적인 분노를 몸에 익혀 링에 올랐다. 닭가슴살만 먹으며 근육을 키웠고 강철 손톱을 붙인 채 잠들었다. 촬영 기간에는 야성적인 본능을 깨우려고 아침마다 찬 물을 뒤집어쓰면서 이를 악물었다고 한다.

배우의 퇴장은 등장만큼 중요하다. 울버린은 말로 다 담을 수 없는 것, 그렇다고 침묵할 수도 없는 무엇을 몸부림으로 표현했다. 〈로건〉을 끝으로 휴 잭맨은 17년 동안의 고독을 끝내고 안전하게 자신으로 돌아갔다. 〈엑스맨〉

에서 영원히 은퇴했다. '대체 불가능'이라는 평을 받는 사람이 박수 칠 때 떠나기란 말처럼 쉽지 않다.

수퍼히어로 영화를 보며 삶에 대해 생각하게 될 줄은 몰랐다. 누구나 가끔 '나는 왜 이렇게 비정상인가' 자문하게 된다. 자기 정체성을 캐묻는 고독한 돌연변이처럼 우리는 저마다 다양하고 완고하고 흥미로운 방식으로 손상되어 있다. 자동차 타이어가 틀어졌을 경우에는 '휠 얼라인먼트'로 정렬 상태를 바로잡는다. 인생도 살다 보면 어떤 부분에서 평형을 잃고 한쪽으로 기울어질 수 있다. 그게 정상이다. 불균형이나 결핍을 겪지 않는 게 어쩌면 더 불행한 일이다.

프로 구단에는 '영구결번(永久缺番)'이 있다. 전설적인 활약을 한 스타 선수를 기억하려고 그의 백넘버를 다른 선수에게 물려주지 않고 동결하는 것이다. 여기서 결핍은 존경의 표시다. 울버린도 그렇게 빈자리로 남겨 두었으면 하는 바람이다. 흰 러닝셔츠를 걸친 근육남 휴 잭맨은 울버린의 동의어였으니까.

그 은퇴작을 보고 한 야구선수가 겹쳐졌다. 등번호 61번 박찬호. 미국 메이저리그에서 124승을 거둔 그도 한때 영웅으로 불렸다. 경제 위기로 한국인이 집단적 좌절감을 맛본 시절이었다. 박찬호가 던지는 강속구, 그가 쌓는 삼진과 승리가 우리에겐 진통제였다. 쓰라린 현실에서 잠시나마 시선을 거두어 희망을 볼 수 있었다. 2012년 고국으로 돌아온 박찬호는 고향팀 한화이글스에서 1년 더 마운드에 올랐다. 그해 10월 3일이 은퇴 경기였다.

영웅은 등장만큼 퇴장이 중요하다. 자서전 『끝이 있어야 시작도 있다』에서 그는 이렇게 술회했다. "나는 마지막이었기 때문에 그 경기 후 팔이 다친다 해도 아무 상관 없었다." 박찬호는 은퇴 무대에서 예상보다 훨씬 많이 던졌다. 어떻게 퇴장해야 하는지 아는 사람 같았다.

98번의
실패에
감사한다

힘들고 뒤숭숭한 시대는 영웅을 필요로 한다. 우리를 지켜줄 누군가가 나타나리라 믿고 싶어진다.

1997년 대한민국은 무력했다. 1월부터 재벌과 기업이 잇달아 부도나자 금융기관들이 휘청거렸다. 해외에선 채무 상환 요구가 빗발쳤다. 외환 보유액이 급감하자 우리 정부는 그해 11월 IMF(국제통화기금)에 구제금융을 요청했다. '엉망이 된 꼬라지를 누군가 구원해주었으면' 막연히 바랄 때 야구선수 박찬호(LA다저스)가 보였다. 미국 메이저리그 마운드에서 외롭게 싸우며 승전보를 전해왔다.

박찬호장학회 20주년 행사가 2017년 11월 서울 힐튼호텔에서 열렸다. IMF 20년이 곧 박찬호장학회 20년이었다. 이날 유소년 야구 꿈나무들에게 장학금을 전달한 박찬호는 "두려워하지 말고 포기하지 말라"며 "성공은 남보다 우월해지는 게 아니라 진통을 겪으며 성장하는 것"이라고 말했다.

박찬호는 1997년 첫 풀타임 선발 투수로 활약하며 14 승 8패(방어율 3.38)를 거두었다. 그는 20주년 감회를 묻자 "국민들이 금 모으기 운동도 하고 나라가 없어진다는 위 기감이 팽배한 시절이라 희망이 필요했을 것"이라고 했 다. "사람들이 내게 감정이입을 한 것일 수도 있어요. IMF 외환 위기 때 영웅이라 불렸지만, 시련을 겪고 살아남은 분들이야말로 영웅이지요."

야구공을 놓은 지 5년 된 왕년의 메이저리거는 짱짱했 다. 서울 그레뱅뮤지엄에서 만나 악수하는데 묵직한 악 력이 전해졌다. 어떻게 지내는지 묻자 "미국 로스앤젤레 스(LA)에 사는데 야구 시즌 끝나는 10~11월엔 한국에 온 다"며 "장학회, 리틀야구대회, 야구캠프 등 제 이름을 건 행사들이 이 무렵에 몰려 있다"고 했다.

마운드 밖 삶에는 완전히 적응했는지요.
익숙해지는 과정이에요. 아이들 학교와 집안일 돌보는 게 야 구만큼 어렵더라고요(웃음). 사회에 나오니 만나는 사람도, 음식도, 생활습관도 달라졌어요. 운동 중심이 아니라 하고 싶은 대로 하니까요. 때로는 '내가 지금 잘 살고 있나' 걱정도 해요. 커피나 콜라도 이젠 막 먹거든요.

야구 할 땐 콜라도 안 마셨나요?

몸에 안 좋다는 건 입에 안 댔어요. 카페인 성분 때문에 잠이 안 올 테니까요.

요즘엔 뭐가 어려운가요.
미국에선 부모도 아이 학교에 자주 가요. 선생님 만나고 자원봉사도 하고 각종 행사에 참여하죠. 메이저리그에 처음 갔을 땐 클럽하우스에서 소통하고 다른 문화에 적응하기가 힘들었는데 은퇴하고 나니 아이들 교육에 맞추어가는 게 그만큼 버겁네요.

올해가 IMF 20년입니다.
박찬호·박세리에게는 어떤 이미지가 들씌워진 것 같아요. 20년 전 외환 위기 때문에 때로는 영웅으로, 때론 아들·딸이나 오빠·누나로. 국민이 우릴 그런 존재로 만들어주셨어요. '금을 모은다, 실직자가 쏟아지고 노숙자도 많다'고 들었지만 저는 미국에 있어 체감하기 어려웠습니다. 스물네 살이 뭘 알겠어요. 궁금해서 1997년 시즌 끝나고 귀국해 서울역에 가봤죠.

그날 서울역에서 뭘 보았나요?
멀쩡한 직장인이 노숙자가 된다니 믿기지 않았어요. 자존감 상실, 가족에 대한 미안함 때문에 귀가할 수 없다는 거예요. 혹시 사고라도 나면 안 되니까 마스크에 모자를 쓰고 좌우에는 경호원이 붙어 서울역에 갔어요. 처참하더군요. 지하철 통로에서 신문지 덮고 자고 여기저기 술병 보이고 한겨울에 맨발이 퉁퉁 부어 있고. 그런데 호루라기 소리가 들리더니 경찰이 출동했어요.

네?
저를 보고 누가 노숙자를 끌고 가는 줄 알고 경찰에 신고한 거예요(웃음).

박찬호의 굴욕이군요.
신분증을 보여주니 구경하던 사람들이 '야, 박찬호다!' 소리쳤어요. 노숙자들이 자다 깨 달려왔죠. 서울역 풍경은 참담했어요. 미국 TV에 비친 한국은 딱한 모습만 가득하던 시절입니다. 그날 '실직자 가정이나 소년소녀가장, 야구를 하지만 형편이 어려운 아이들을 도와야겠다'고 생각했습니다.

박찬호장학회 출신 프로야구 선수로는 서건창, 구자욱, 구창모, 박진형 등 37명이 있다. 또 김태균, 봉중근, 김주찬은 그가 1994년 한국인 첫 메이저리거가 되면서 모교 한양대에 기탁한 장학금 수혜자다.

20년간 350여 명이 박찬호장학금을 받았습니다.
저희 장학생 출신 프로 선수가 많다는 게 자랑이죠. 그동안 양준혁재단도 생기고 올해 은퇴한 이승엽 선수도 장학사업에 관심이 많다고 해요. 아이들은 꿈을 키우고 저희는 사회에 공헌할 수 있으니 바람직한 일이지요.

요즘도 가끔 공을 던지나요?

골프를 더 많이 해요. 아이들 학교에 갈 때 가끔 야구하는 소년들과 어울리지요. 부모들도 저를 반겨주고 함께 캐치볼을 하곤 합니다.

장학회 창립식 때 다저스 동료이던 노모 히데오 선수가 내한해 축하해주었지요. 그는 '이겨야 하는 적' 아니었나요?

그렇지 않았어요. 동료이자 스승이었죠. 그 선수보다 박찬호가 잘했으면 하고 응원한 한국 사람들 마음은 알아요. 어릴 때부터 일본은 꼭 이겨야 한다는 교육을 뼛속까지 받았습니다. 일본과 붙으면 없던 투지도 생겼죠. 하지만 다저스에선 옆 라커를 쓰던 노모에게 제가 많이 배웠습니다. 마운드에서 멘탈(정신)을 가다듬는 자세, 선발 등판을 준비하는 과정을요.

IMF 시절 '한국의 영웅'이라 불릴 때 기분이 어땠나요?

'자포자기 상태였는데 당신을 보고 용기를 얻었다'는 편지를 많이 받았어요. 영웅이란 칭호가 머쓱하거나 싫진 않았지요. 제가 희망을 준 게 아니라, 사람들이 어디에서든 희망을 찾고 싶었던 게 아닐까 생각해요. IMF 외환 위기는 우리 역사에서 잊지 말아야 할 시기입니다. 왜 고비를 맞았고 어떻게 극복했는지 후대에 들려주어야죠. 제가 또 한국수출입은행 대외경제협력기금(EDCF) 홍보대사예요.

대외경제협력기금이요?

개발도상국을 돕는 기관이에요. 원조를 받다가 원조를 주게 된 나라는 대한민국뿐이잖아요. 우리는 다시 일어서는 저력을 지니고 있습니다. 일본이 원조하는 돈이 훨씬 더 많지만 한국으로부터 도움을 받고 싶어합니다. 의미가 다르니까요. 우리나라는 어려움은 잘 극복하는데 좋은 걸 유지하는 데 약한 것 같아요.

무슨 뜻인지요.

어려울 땐 단합을 잘하는데 위기가 사라지면 금방 갈라져 싸워요. 성숙해지질 않아요. 말이 옆길로 좀 샜는데 IMF 때 국민은 희망의 동아줄을 잡고 싶었던 것 아닐까요. 영웅은 제가 아닙니다. 포기하지 않고 역경을 이겨낸 그분들이죠. 국민 각자가 작은 영웅이었습니다.

야구계에서 92학번은 황금세대라 불린다. 조성민·임선동·차명주·박재홍 등 훌륭한 선수가 즐비했다. 박찬호는 "어렸을 때부터 열등감 덩어리였고 외로움을 많이 탔다"고 했다.

어떤 열등감이었는지요.

어떻게 하면 저렇게 잘할 수 있을까, 라는 생각을 많이 했어요. 아버지는 전파상을 하셨는데 가게에 딸린 단칸방에서 여섯 식구가 살았습니다. 친구 집에 가면 부러웠어요. 자기 방이 있고 수세식 화장실도 있으니까. 돈을 많이 벌고 싶었어요.

그래서 야구를 시작했나요?
아뇨. 야구부는 아이들 하교할 때 운동장에서 큰 솥에 라면을 끓여 먹었어요. 그게 부러웠습니다. 제가 또래보다 키가 크고 공 던지기를 잘해서 결국 야구부원이 되었어요.

잘하려면 특별한 동기가 필요했을 텐데요.
이듬해 초등학교 5학년 때 자다가 화장실에 들어갔는데 어머니가 제 유니폼을 손빨래 하시는 걸 봤어요. 흙투성이 유니폼이 아침마다 깨끗해진 비밀을 목격한 겁니다. 울면서 잠들었어요. 성공해 세탁기를 사드리는 것, 제 인생 첫 번째 꿈이 되었습니다.

나중에 메이저리그 통산 124승이라는 대기록을 세웠지요.
가끔 강연을 하는데 승리보다는 패배에 대해 들려줍니다. 제가 왜 부진했고 어떻게 이겨냈는지를. 그럴 때 청중이 더 집중하더라고요. 우는 분들도 많고요.

재능을 꽃피우지 못해 불안해하는 야구 선수에겐 어떤 조언을 건네나요.

인내하라고,
외로움과 고통을 즐기라고 말합니다.
너무 멀리 보지 말고
이룰 수 있는 가까운 목표를 향해
나아가라고요.
지금 걱정하는 건
아직 일어나지 않은 일이니까요.

인내하라고, 외로움과 고통을 즐기라고 말합니다. 너무 멀리 보지 말고 이룰 수 있는 가까운 목표를 향해 나아가라고요. 지금 걱정하는 건 아직 일어나지 않은 일이니까요.

인생 최고의 경기로 2012년 10월 3일을 꼽았습니다. 은퇴한 날이 더군요.
한 이닝만 던지려 했는데 당시 한용덕 한화이글스 감독대행이 '팬들을 위해 좀 더 보여주자'고 하셨어요. 6회 2사까지 잡고 내려왔지요. 메이저리그 첫 등판도 생생하지만 마지막 마운드는 평생 못 잊을 것 같아요.

마지막 공은 직구였나요?
글쎄요. 도무지 기억이 안 나네요(웃음).

최근 은퇴한 이승엽 선수에겐 어떤 말을 해주었는지요.
후배는 물론 선배도 본받을 게 많은 선수입니다. 야구계에는 '우리는 밤새 술 먹고도 잘 던졌어' '술 냄새 풍기면서도 홈런 펑펑 쳤지' 같은 전설이 있는데 저는 그게 싫었어요. 미국에선 아무도 그렇게 훈련 안 해요. 이승엽의 절제는 모범적이죠. 학창 시절 운동만 했다는 결핍감 때문인지 한국 스포츠 스타들은 은퇴하면 공부하고 싶어해요. 격려해주었지요(이승엽은 이날 박찬호장학회에 1억 원을 기부했다).

박찬호는 잘 아는 야구장을 떠나 낯선 사회로 나갔다. 메이저리그에서 슬럼프에 빠졌을 땐 "너는 지금 30분 넘게 힘들고 두렵다는 얘기를 늘어놓았지만 은퇴 뒤 겪을 일은 더 무시무시할 것"이라는 심리치료사의 말을 떠올렸다고 한다.

은퇴하면 더 힘들다니요.
투수는 아무리 궁지에 몰려도 '내일은 잘 던질 수 있을까, 이길 수 있을까'라는 희망이 있어요. 은퇴하면 내일 게임 자체가 없는 겁니다. 이기고 싶어도 이길 수 없으니, 은퇴 이후가 더 버겁다는 얘기예요.

힘겨울 땐 어떤 주문을 외웠나요.
좀 더 참자, 좀 더 참자, 했지요. 그렇게 단련하며 성장했어요. 124번의 승리보다 98번의 패배 때문에 은퇴하고도 만족할 수 있는 야구 인생이라고 생각합니다.

그러고 보니 빛나는 기록뿐만 아니라 부상과 슬럼프, '먹튀 논란'도 있었지요.
저를 괴롭혔던 것들에 감사해요. 그 덕에 사람들에게 에너지를 북돋우고 위로와 용기를 줄 수 있으니까요.

동양인을 비하한 상대팀 투수를 향해 이단옆차기를 한 사건, 한 회에 만루홈런 두 방을 맞은 장면(일명 '한만두')도 떠오릅니다. 어떻게 평정심을 되찾았나요.
다음 경기를 준비하는 것밖에 없어요. 다음 팀, 어느 타자를 상대할지 몰입하다 보면 저절로 사라집니다. 자꾸 과거를 되새기고 필름을 돌리니까 무거워지고 두려워지는 거예요.

가장 아끼는 야구공이 있는지요.
메이저리그 124승의 야구공을 전부 가지고 있는데 스토리가 제각각이에요. 연승했을 때도 있지만 연패 끝에 오랜만에 승리한 날도 있지요. 날짜 별로 갭(간격)이 큰 공일수록 사연이 많은 거예요. 한 경기에 만루홈런 두 번 맞고 깨진 다음에도 버티고 버텨서 승리 공이 수십 개 생겨났고, 2007년 마이너리그에서 허송세월 할 땐 '이게 끝이구나' 했는데 다시 올라와 7~8승을 더 보탰지요. 그렇게 하나하나의 공들이 모여 124라는 목표에 닿은 겁니다.

　IMF 시절 한국의 영웅은 "승리보다 패배가, 124승보다 98패가 더 값지다"고 말했다. 98번의 시련이 없었다면 124승에 이를 수 없었다고. 박찬호는 "'인내' '노력' '한 번만 더' '괜찮아' '할 수 있어' 같은 작은 긍정의 씨앗들이 쌓여 성공을 만들어주는 것 같다"고 했다. 이를테면 부분들의 총합이다. 그는 야구장을 떠나서도 자기 자신과 계속 경기를 벌이고 있었다. 할겨 안 할겨? 믿을 거냐 버릴 거냐? 희망을 가질 거냐 안 가질 거냐? 물으면서.

투 머치
토커?

　　　　　신문기자는 말수가 적은 사람보다는 수다쟁이를 더 좋아한다. 필요한 말만 조리 있게 하는 인터뷰이는 드물다. 단답형으로 대답해 집요하게 캐물어야 하거나, 장황하게 말하다 요점을 벗어나는 경우가 많다. 쭉정이는 버리고 알맹이만 골라 기사로 옮겨야 한다. 그날 박찬호 인터뷰에는 장애물이 두 가지 있었다.

　먼저 시간 제약. 인터뷰와 사진 촬영까지 60분 안에 마쳐야 했다. 원고지 30장 분량으로 쓰기에는 물리적으로 시간이 모자랐다. 마음이 급해졌다. 또 하나의 허들은 그의 별명과 얽혀 있었다. '투 머치 토커(too much talker)'. 주저 없이 이야기 보따리를 푸는 인터뷰이가 좋기는 하지만 과유불급이다. 애써 준비한 질문을 절반도 소화하지 못하고 60분이 지나면 어떡하나.

　박찬호를 만나자마자 장난기를 섞어 물었다. "요즘 별명이 '투 머치 토커'라지요?" 그는 웃으며 답했다. "그 별명 아주 싫어해요. 방송에서 길게 편집해서 그렇지, 저 그런 사람 아네요."

돌다리도 두들겨 보고 건너야 한다. 나는 다짐이라도 받듯이 "준비한 질문이 30개쯤 되니까 간명하게 답해달라"고 부탁했다. 표정이 살짝 굳어지는 게 보였다. 나는 패스트볼, 슬라이더, 커브, 포크볼, 체인지업 등을 섞어 질문 30개를 던질 테니까 당신은 타석에서 시간 끌지 말고 곧장 배트를 휘둘러야 한다고 경고한 셈이었다. 감정이 상하지 않게 하면서 답을 끌어내는 것도 인터뷰 기술이다. 두세 번 말을 잘라야 했지만 박찬호는 적어도 이날은 투 머치 토커가 아니었다. 내 입장을 배려해준 것이라고 생각한다.

그는 처음부터 스타덤에 오른 게 아니다. 미국으로 건너갈 땐 다듬어지지 않은 유망주였을 뿐이다. 1994년 4월 메이저리그 데뷔전을 치른 박찬호는 2주 만에 마이너리그로 내려갔다. 더블A와 트리플A에서 2년을 보냈다. 인내하고 절제하는 법을 그때 배웠다고 했다. 눈물 젖은 빵을 먹으며 이를 악물고 연습해 메이저리그의 부름을 받았다. 텍사스 레인저스 시절 이후 말년에 시련을 겪을 때는 '어떻게 끝낼(퇴장할) 것인가'를 계속 자문했다. 노모의 123승을 넘어설 때가 스스로 정한 은퇴 시점이었을 것이다.

박찬호는 실베스터 스탤론이 주연한 영화 〈록키〉를 감

명 깊게 보았다고 했다. 4회전 복서로 근근이 살아가며 뒷골목 주먹 노릇을 하던 청년 록키 발보아의 인간 승리 드라마다. 짝사랑하는 여인이 생기고 바르게 살고 싶어 하는 그에게 헤비급 챔피언과 싸울 기회가 주어진다. 록키가 링에 오를 때 목표는 딱 하나였다. KO패 당하지 않고 15회를 버티자. 이 영화 속 명대사 "인생은 얼마나 센 펀치를 날릴 수 있느냐가 아니라 얻어맞고도 계속 움직이며 나아갈 수 있느냐"처럼 말이다.

박찬호는 은퇴하기 전까지 야구밖에 모르던 남자였다. 흔들릴 때 그를 붙잡아준 것도 야구였다. 사람들은 박찬호가 IMF 외환위기 때 꿈과 희망을 심어주었다고 기억한다. 정작 당사자는 고개를 가로저었다. 자기가 희망을 준 게 아니라, 어디에서든 희망을 찾고 싶어한 사람들이 박찬호를 발견한 것이라고 했다.

희망은 힘이 세다. 전쟁 중 적군에 포위되어 길을 잃고 자포자기한 군인들이 우연히 발견한 지도(地圖) 한 장에 환호성을 올리며 구사일생으로 살아 돌아왔다는 일화가 있다. 나중에 알고 보니 그 지역과 전혀 상관없는 지도였다. 어두운 시절일수록 작은 불씨 하나가 삶에 얼마나 큰 동력이 되는지 우리는 안다. 희망이 있다면 록키 발보아처럼 다시 일어설 수 있다.

대한민국 국민은 외환위기라는 절망에 빠져 있을 때 박

찬호라는 지도, 어둠을 밀어낼 수 있는 불씨를 손에 쥔 셈이다. 우리는 그가 마운드에서 외롭지만 당당하게 싸우는 모습에 감정을 이입했다. 그만큼 희망에 굶주려 있었다. 그런데 정작 영웅은 "124승보다 98패가 더 소중했다"고 말한다. 실패는 지우고 성공만 기억하려 하는 세상이라서 그 말이 더 진동을 일으켰다. 어둠은 빛을 더 빛나게 한다. 져봐야 이길 수 있다. 실패도 자산이다. 박찬호는 은퇴식에서 말했다. "내가 미치도록 갖고 싶었던 것은 넘치는 승리가 아니라 만족이었다"고.

2019년 박찬호는 한국 스타트업의 글로벌 진출을 돕는 투자자로 변신했다. 기자회견에서 그는 "따지고 보면 나도 공 던지는 기술 하나로 미국에 진출한 스타트업"이라고 말했다. "성공이라는 목표, 계획만 세우지 말고 실패를 위한 목표와 계획도 필요해요. 실패하더라도 포기하지만 않으면 더 잘 될 수 있습니다. 제가 미국에 진출했을 때의 경험, 역경을 극복한 방법을 청년들과 공유하고 싶어요." 그 말을 듣고 새삼 깨달았다. 박찬호에게는 야구장이 학교였구나. 인생의 쓴맛과 단맛을 야구로 배웠구나.

박찬호는 "은퇴하고 며칠 지나니 몸이 근질근질해졌고 '1년 더 할 것을' 하는 미련이 남더라"며 "(류)현진이가 다저스 유니폼 입고 던지는 모습을 보면서 '아, 저렇게 화려한 거였구나' 알게 되었다"고 했다. 슬그머니 장난기가 발동했다. 한때 시속 100마일(161㎞)까지 강속구를 뿌렸는데 지금 힘껏 던지면 얼마나 나오는지 물었다. 움찔하더니 그가 답했다. "음, 70마일에서 75마일쯤? 며칠 연습하면 좀 더 빨라질 겁니다. 근력만큼 중요한 게 감각이거든요. 그 감각이 올라올 때 힘을 팍 주어야 스피드가 나는 거거든요……."

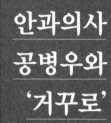

안과의사
공병우와
'거꾸로'

불행
피하기
기술

2018년 1월 초 스위스 수도 베른에 있었다. 15세기에 지어진 시계탑 지트글로게(Zytglogge)로 유명한 도시다. 인터뷰 일정이 있는 날 갑자기 먹구름이 몰려와 비를 뿌렸다. 상점에 들어가 접이식 우산을 샀다.

시계의 나라로 출장을 왔기 때문인지 시간에 더 예민해 졌다. 조금 서둘러 약속 장소에 도착했다. 초면이지만 사진으로 낯익은 지식경영인이 카페로 들어왔다. 베스트셀러 『스마트한 생각들』 『스마트한 선택들』의 저자 롤프 도벨리. 책 제목만큼이나 인상이 영리해 보였다.

당시 펴낸 신작은 독일 주간지 『슈피겔』이 집계한 베스트셀러 1위(논픽션)에 올라 있었다. 제목은 『불행 피하기 기술』(The Art of the Good Life). 좋은 삶을 위한 정신적 도구를 52가지로 정리한 책이다. 불행을 피하는 기술이라니, 독자를 끌 만한 타이틀이라고 생각했다.

"비에 젖는 불행을 피하려고 우산부터 샀다"고 시시껄

렁한 농담을 던지며 노트북 전원을 켰다. 외국인에게 한국이라고 하면 '삼성'과 '김정은'부터 떠오른다는 말을 들은 적이 있다. 북한 지도자 김정은은 중학교 시절을 베른에서 보냈다. 도벨리는 "김정은이 어릴 때 다닌 기숙학교가 여기서 3㎞쯤 떨어져 있다"며 "유럽에서 조기 교육을 받은 그가 서구화되지 않아 안타깝다"고 했다.

인터뷰를 시작하자 그는 주머니에서 스위스 칼(swiss knife)을 꺼냈다. "우리 삶도 이것과 마찬가지예요. 세상을 이해하려면 다양한 사고방식이 담긴 툴박스가 필요합니다." '툴박스'라는 단어를 듣자마자 우리집 신발장 어딘가에 처박아둔 연장통이 떠올랐다. 언제 마지막으로 꺼내 썼더라. 기억이 가물가물했다.

'맥가이버 칼'로도 불리는 스위스 칼은 다용도다. 가위, 줄, 송곳, 드라이버, 병따개……. 많게는 30여 가지 도구가 들어 있다. 도벨리는 『불행 피하기 기술』이 그렇게 우리 삶에 정신적으로 쓸모 있는 연장통에 대한 이야기라고 강조했다.

첫 질문은 즉흥적으로 북한 문제를 향했다. 축축한 날씨 탓이었는지도 모르겠다. 북한은 위험하고 예측 불가능한 나라다. 행복 관점에서 보면 한국인에게 북핵 문제를 이고 있다는 것은 상당한 마이너스다. 지식경영인은 그런 국가적 불행을 피하는 기술도 알고 있을까. 조언을 부탁하자 그는 이해하기 어렵다는 표정을 지었다.

"북한은 당신이 통제할 수 없는 대상 아닌가요? 영향을 미칠 수도 없고요. 그렇다면 걱정하지 말아야 합니다. 쓸데없는 시간 낭비니까요. 1945년부터 1989년까지 세계는 핵전쟁 위협 아래 있었습니다. 핵전쟁은 터지지 않았지요. 남한과 북한 사이에도 전쟁이 일어나지 않을 가능성이 높아요."

베른에서 남서쪽으로 90㎞ 떨어진 로잔에 국제올림픽위원회(IOC) 본부가 있다. 그래서 다시 물었다. 얼마 전까지만 해도 핵과 미사일로 세계를 위협하던 북한이 갑자기 평창 동계올림픽에 참가하는데 모순적이지 않느냐고. 도벨리는 "솔직히 말하면 올림픽은 아무 의미도 없다"며 덧붙였다. "냉전 시대에 미국과 러시아는 (평화의 상징이라는) 올림픽을 비롯해 모든 스포츠에서 치열하게 경쟁했습니다. 동시에 핵무기로 상대를 협박했지요."

정돈을 잘한 툴박스에서 적절한 연장을 꺼내는 사람처럼 조금도 망설임이 없었다. 무엇을 좋은 삶으로 정의하는지 궁금했다. "신학자들은 '신(神)이 무엇인가는 정확히 말할 수 없지만 무엇이 신이 아닌지는 정확히 말할 수 있다'고 한다"며 그는 잠시 뜸을 들였다.

이윽고 정답을 들려주는 선생님 같은 표정으로 말했다. "좋은 삶이란 불행이 없는 상태예요. 누가 당신에게

1,000만 달러를 준다고 칩시다. 삶에서 뭘 바꾸고 싶은가요? 집? 자동차? 배우자?(웃음) 아무것도 바꾸고 싶지 않다면 좋은 삶인 셈입니다." '나쁜 삶'의 요인들을 하나씩 제거해나가면 행복해질 것이라는 말이다.

평창 동계올림픽이 끝나고 남북관계에 봄바람이 불었다. 그해 4월에 판문점에서 남북 정상회담이 열렸고 6월에는 싱가포르에서 미북 정상이 만났다. "올해 안에 종전(終戰)을 선언하는 게 우리 정부의 목표"라고 문재인 대통령은 말했다. 65년 묵은 정전(停戰) 상태는 종전 쪽으로 급격히 기울고 있었다. 하지만 비핵화 협상은 이내 답보 상태에 빠져들었다.

전쟁만큼 큰 재앙은 없다. 한국 사람들에게 '종전'이라는 글자는 아주 멀찍이 있다가 갑자기 눈앞으로 던져진 셈이다. 초점이 맞지 않고 흐릿한 상태와 같았다. 그 무렵 1953년 7월 27일 판문점에서 체결된 정전협정문을 사진으로 보게 되었다. 문서는 섬뜩할 만큼 단순하고 창백했다. 수백만 명이 피를 흘리고도 끝막음을 하지 못한 전쟁이다. 한반도의 운명을 기록한 이 정전협정문은 '공병우 타자기'로 작성되어 있었다. 안과 의사이자 발명가 공병우(1906~1995). 오랫동안 잊고 있던 이름이 떠올랐다.

까꾸로
살라우!

한 사람이 평생 세 번 죽을 수 있을까. 공병우 박사는 그런 경험을 한 사람이다. 일제 강점기에는 조선 총독부의 창씨개명에 반대해 '공병우 사망'이라는 전보를 고향에 띄웠다. 6·25전쟁 중엔 인민군에게 사형선고를 받고 북쪽으로 끌려가다 가까스로 탈출했다. 생물학적으로는 1995년에 사망했다.

공 박사는 1938년 서울 안국동 벽돌집 2층에 공안과를 열었다. 우리나라 안과 1호인 공안과는 2018년에 80주년을 맞았다. 쌍꺼풀 수술, 콘택트렌즈 도입도 국내에서는 공안과가 최초였다. 현재는 3남 6녀 중 차남이자 유일한 안과 의사인 공영태 원장이 운영하고 있다.

공병우 타자기가 전시되어 있는 서울 용산 국립한글박물관에서 공영태 원장을 만났다. 벗어진 이마와 눈매, 웃는 모습과 안경……. 부친을 빼닮았다. 공 원장은 "외모만 그렇지, 아버지의 좋은 점은 거의 못 닮았다"며 겸연

쩍게 웃었다.

공병우는 1906년 평안북도 벽동 산골에서 태어났다. 열세 살까지는 머리를 치렁치렁 땋고 서당에 다녔다. 스무 살에 의사 검정시험에 합격했고 아무도 거들떠보지 않는 안과를 선택했다. 그런 그도 보지 못한 게 있었다. 공병우 자서전 『나는 내 식대로 살아왔다』에는 "앞 못 보는 환자를 치료한다는 나 자신이 사실은 한글에 대해 '눈 뜬 장님'이었다"는 고백이 나온다.

개업 직후 한글학자 이극로 선생이 공안과를 찾았다지요.
눈병을 치료해드렸는데 불쑥 이런 말씀을 하시더랍니다. '세계에서도 보기 드문 훌륭한 한글을 일본놈들이 못 쓰도록 탄압하고 있다. 조선 사람들도 제 나라 글에 관심이 없고 무시하기까지 한다.' 아버님이 당신을 두고 하는 말씀 같아 큰 충격을 받으셨나 봐요. 한글 시력 검사표부터 만드셨지요.

한글 타자기와는 어떻게 만나셨나요.
광복 후 일본어로 된 안과 책자를 한글로 옮기는 작업을 하셨어요. 직접 번역하고 조수 둘이 정서(淨書)했는데 능률이 오르질 않았대요. 그 일을 계기로 한글 타자기 연구를 시작하셨습니다. 뜻을 세우면 뿌리를 뽑아야 직성이 풀리는 분이셨지요. 저희는 어릴 적부터 경쾌한 타자기 소리에 묻혀 살았고요.

공병우 박사 하면 '속도'라는 낱말이 떠오릅니다.

학교도 계속 월반하셔서 졸업장 한 장이 없어요. 타자기의 생명은 모양이 아니라 속도라 믿으셨지요. 낮에 하는 결혼식은 시간 낭비라며 반대하셨고요. 저는 그렇게 못 살았지만 아버님은 시간을 굉장히 아꼈습니다. 1분 1초도 허투루 쓰지 않으셨어요.

예를 들어주신다면.

한꺼번에 두세 가지를 하는 식이지요. 화장실 갈 때 신문과 라디오, 커피까지 가져가요. 하하하. 유난스러워 보이겠지만 아버지한테는 그게 편하고 정상이었어요.

영어 타자기를 신체 해부하듯 뜯어놓고 구조부터 익히며 한글 타자기를 설계했다고 들었습니다.

가로쓰기를 하면서 (영어에는 없는) 받침을 어떻게 처리하느냐가 골칫거리였죠. 병원 일은 뒷전이었대요. 조롱은 물론이고 '공 박사가 미쳤다'는 소리까지 들었지요. 초성·중성·종성이라는 한글 구성 원리에 맞게 세벌식 타자기를 개발하셨어요.

6·25전쟁 때는 그 타자기 덕분에 목숨을 건지셨다고요?

이승만 대통령의 방송을 믿고 피란 가지 않고 서울에 남으셨답니다. 인민군이 들이닥쳐 아버님을 끌고 갔어요. 1946년

'정판사(精版社) 사건'(조선공산당원들이 자금 조달과 경제 교란을 목적으로 위조지폐를 발행한 사건) 연루자 중 한 명이 '경찰에서 고문을 당해 눈이 멀었다'고 주장해 진단을 의뢰 받았는데, 아버님이 진찰해보니 외상이 아니라 당뇨로 실명한 것이었지요. 그때 써준 진단서를 트집 잡은 겁니다. 졸지에 정치범으로 감옥에서 총살만 기다리는 처지가 되셨어요. 강요받아 썼노라 둘러댈 수는 있었지만, 살자고 지조를 꺾을 순 없었답니다. 그런데 고문당해 피투성이가 된 몸으로 영어 공부를 시작하셨어요. 밑씻개 종이로 들어온 영어사전을 보고 '무리하게 단어를 외우면 더 쇠약해져 빨리 죽을 수 있겠다' 생각하셨대요(웃음).

그런데요?
눈병 치료를 무료로 많이 해주어 평판이 좋으셨어요. '인민공화국에 타자기 설계도를 바치면 용서받을 수 있다'고 하더랍니다. 아버님이 국민학교 1학년 국어책을 타자기로 타닥타닥 옮기자 감탄하며 살려준 거예요. 인천상륙작전 직후 납북되다가 기적적으로 도망쳐 나오셨고요.

부친께 타자기는 단순한 물건이 아니군요.
구원자와 같았지요. '평소에 적선을 한 사람은 난리가 나도 산다'고 말씀하곤 하셨어요.

6·25 정전협정은 유엔군(마크 클라크)과 조선인민군(김일성), 중국인민지원군(펑더화이) 사이에 맺어졌다. 정본(正本)은 공병우 타자기로 만들어 마크 클라크와 김일성은 펜으로, 펑더화이는 붓으로 각각 서명했다. 공 원장은 "회담 내용을 한글, 중문, 영문으로 작성해 교환하는데 그때마다 공병우 타자기로 작성한 한글 문서가 가장 빨리 나왔다"며 "아버님이 무척 자랑스러워하셨다"고 했다.

그 역사적인 순간에 어떻게 공병우 타자기가 들어갔나요.

6·25 직전에 미국에서 특허를 받고 시제품 3대를 만들었는데 아버님과 주미대사였던 장면 박사, 언더우드 3세(원일한 박사)가 사용했어요. 언더우드 박사는 6·25에 참전해 정전협상 땐 유엔군 통역장교였지요. 급히 아버님을 찾아와 한글 타자수 두 명을 구해 가셨어요.

타자기가 공을 세웠군요.

영문 타자기보다 빨랐으니, 타자기의 생명은 속도라는 것을 증명한 셈입니다. 글자 모양이 빨랫줄에 빨래 늘어놓은 꼴이라는 타박도 쏙 들어갔어요. 우리가 매번 신속하게 처리하니까 북한 측이 독촉을 받으면서 쩔쩔맸대요.

2001년과 2002년에 방북한 적이 있지요?

제가 몸담고 있던 한민족복지재단에서 북한 병원과 빵 공장을 지원했어요. 북한 영화나 자료를 보면 안경 쓴 사람이 드물었는데 왜 그럴까 하는 궁금증도 있었습니다. 지원은 2006

년 북핵 실험 때문에 중단했고요.

안경 쓴 북한 사람은 왜 드문가요.
가서 보니 노동자 월급보다 안경이 비싸더라고요. 안경점도 거의 없고요. 눈을 사용하는 습관의 차이는 전혀 아닙니다. 시력은 영양상태와도 밀접한 관계가 있어요.

북한 병원은 어떻던가요.
말도 못 하게 열악했어요. 평양의대에 갔는데 녹슨 주삿바늘이 있고 거즈가 빨개요. 삶아서 재활용하는데 핏물이 빠지질 않아서예요. 소독된 병에 보관해야 하는 링거액을 맥주병에 넣고 종이로 막아두었더라고요. 하지만 북한 의사들과는 말이 잘 통했어요. 저희가 안과 수술법을 가르쳤는데 그 자리에서 100% 흡수하더라고요. 이게 통일이구나, 하는 생각을 했습니다.

눈은 일반인이 생각하는 것 이상으로 중요한 기관인가요?
눈을 '마음의 창'이라고들 하는데 그건 문학적 표현이고, 안과 의사들이 보기엔 '몸의 창'입니다. 당뇨·혈압 같은 질병이 눈에 먼저 나타나요. 혈관이 잘 보이거든요. 눈은 기능적으로도 중요하죠. 모든 정보의 80%는 눈으로 받아들인다고 하잖아요.

까꾸로 살라우.

그 말씀을 자주 하셨어요.

처음엔 우습게 생각했지요.

나이 들어 보니 그 말뜻을 알 것 같습니다.

다들 근심 없이

편안한 삶을 바라지만

그것이 제대로 사는 길은 아니라는 거예요.

특허청은 1999년 공병우를 세종대왕, 장영실, 이순신, 정약용, 지석영, 우장춘과 함께 우리 역사상 가장 위대한 발명가 7인에 선정했다. 그는 세벌식 타자기를 개발한 한글 기계화 운동가였고, '아래아한글'은 그의 지원 아래 태어났다. 전국을 돌며 개안 수술을 무료로 해주었는가 하면 맹인 부흥원을 만들고 시각장애인들에게 타자기 사용법도 가르쳤다.

세벌식은 우리가 많이 쓰는 두벌식과 어떤 차이가 있나요.
무엇보다 속도가 빨라요. 받침 찍을 때마다 시프트 키를 눌러야 하는 두벌식은 고속도로를 달리는데 3~4㎞마다 브레이크 밟았다 떼는 꼴이니까요. 왼손을 더 바쁘게 움직여야 하는 두벌식과 달리 양손의 부담도 고른 편이고요. 전두환 대통령 때 두벌식이 표준으로 채택되자 아버지가 매우 낙심하셨어요.

부친은 여러 겹의 삶을 사셨습니다.
대한제국 때 태어나 20세기를 살면서 21세기를 내다본 사람이라고 하지요.

가족에겐 무척 짜다는 소리를 들으셨는데, 아들로서 이해하기 어려운 점도 있었나요?
뭔가에 몰두하면 가족도 없었어요. 당신은 구멍 난 양말을 신으면서 YMCA와 한글학회에 재산의 상당 부분을 기부하셨지요. 아무 상의 없이 결정해 어머님과 종종 투닥거리셨습니다. 나갔다 오시면 땅문서가 없어지곤 했으니까요(웃음). 저희야 섭섭한 정도지만 제3자에겐 아주 무심한 사람으로 비쳤겠지요.

원장님은 왜 안과 의사가 되셨습니까.
아버님이 '이걸 해라, 저건 하지 마라' 하신 적은 없습니다. 세브란스 신경외과 레지던트로 뽑힌 상태였는데, 한 의사 선생님이 '그래도 집안일인데 해야 하지 않겠느냐'고 지나가는 말로 던지셨어요. 마음에 툭 걸리더라고요. 그래서 안과로 바꿨습니다.

부친이 반기시던가요.
'진짜 할래? 쉬운 길 아니다'라고만 하셨지요. 내심 기뻐하셨던 것 같아요. 1980년에 공안과를 인계 받았지요. 저희 안과는 선진국 기술과 장비를 배우고 도입하는 데는 진보적이지만 그것을 환자에게 시술하는 데는 보수적이에요.

올해가 공안과 80주년인데 감회라면.
관성에 의해 '이 길밖에 없지 않나' 하면서 지나온 것 같습니다. 지금 의료계가 굉장히 열악해요. 제 자식을 포함해 아버님 손자·손녀 중에는 안과 의사가 없어요. 의사들 사이엔 '넌 아직도 아픈 사람 고쳐?'라는 자조 섞인 농담이 있습니다. 의료 수가(酬價)가 너무 낮아 굶어 죽게 생겼으니 안 해도 되는 치료를 권하는 거예요.

눈이 혹사당하는 시대인데 안과 환자에게 어떤 변화가 있습니까.

사람들이 옛날보다 작은 글씨를 많이 보고 있기는 합니다. 눈이 침침하다며 불편을 호소하는 경우가 많아졌어요. 하지만 의료보험으로 병원 문턱이 낮아져서 그렇지, 환자 패턴이 달라지진 않았습니다.

안구건조증이 늘지 않았나요?

그 병명을 호소하는 사람만 많아진 거예요. 냉난방 기계가 보급되어 실내가 건조해진 탓입니다. 진짜 안구건조증은 10%고 나머지 90%는 의사들이 만들어낸 환자예요. 그렇게라도 페달을 구르지 않으면 병원이 넘어지니까요.

공병우 박사가 별세하자 당시 PC통신 게시판이 조의문으로 뒤덮였습니다. 유언하신 대로 장례식을 치르지 않았고요.

사후 기증된 두 눈 가운데 한 눈은 제가 공안과에서 환자에게 이식했어요. 2년 전까지는 그분을 직접 진료했지요. 뵐 때마다 아버님을 다시 만난 것 같았어요. 그분은 112년 된 눈을 쓰고 계신 겁니다.

공병우 박사는 세 번 죽었지만 눈은 이렇게 멀쩡히 살아 있다. 물려받은 가장 큰 지혜는 무엇일까. 아들은 아버지가 쓰던 말투로 답했다.

  "까꾸로 살라우!"

평안도 사투리였다. '거꾸로 살라'는 뜻이다. "그 말씀을 자주 하셨어요. 처음엔 우습게 생각했지요. 나이 들어보니 그 말뜻을 알 것 같습니다. 다들 근심 없이 편안한 삶을 바라지만 그것이 제대로 사는 길은 아니라는 거예요. 안이하게 살지 말라는 충고였습니다."

역(逆)
생산성

공병우 박사는 그야말로 '공병우식 대로' 살았다. 가훈은 '시간은 생명이다'. 문명인은 돈보다 시간을 더 소중히 여겨야 한다고 그는 생각했다. 달구지를 타고 서울 광화문에서 영등포까지 갈 시간에 차를 타고 대구에 다녀왔다면 삶을 더 많이 누린 것이라고 믿었다. 그에게 타자기나 컴퓨터는 작업 시간을 단축시킨 만큼 우리 생명을 연장시켜준 도구였다.

공병우 박사는 대한제국 때 태어난 사람답지 않게 유서도 미리 써두었다. "세상을 하직할 때는 아무것도 남겨 놓고 싶지 않다"며 "내가 죽더라도 알리지 말고 장례식도 하지 말라"고 당부했다. 또 시신 중 쓸 수 있는 조직이나 장기는 적출하고 나머지는 의과대학에 교육용으로 제공하라고 했다. 실제로 공 박사의 죽음은 뒤늦게 알려졌다.

"까꾸로 살라우!"

공병우 박사가 남긴 이 지혜는 요즘 세상에 내리치는

죽비 소리 같다. 한국인에게는 대세 추종 심리가 있다. 다수의 생각이나 행동에 지배를 받는 것이다. 책도 영화도 음식도 그런 식으로 소비해 늘 쏠림 현상이 벌어진다. 히트 상품도 '일회용 소비재'가 된 느낌이랄까. 가슴에 손을 얹고 생각해보라. 우리는 그것이 정말로 필요해서 구매하는 게 아니다.

서점에서 판매되었다가 돌아오는 책이 연간 100만 권에 이른다. 많이 팔린 책일수록 반품이 많다. 흔히 '주문 착오'라 말하지만 진실은 다른 데 있다. 남들이 많이 읽는다니까 질세라 장바구니에 담았다가 실망한 경우가 적지 않다. '까꾸로 살라우'라는 말은 흔들리지 않는 중심을 가지라는 뜻이다. 음식도 마찬가지 아닌가? 어느 식당이 너무 인기 있으면 내가 그곳에 있는 이유가 손상되기 시작한다.

'역(逆)생산성'이라는 말이 있다. 많은 신기술이 시간과 돈을 아껴주는 것처럼 보이지만 자세히 따져보면 정반대라는 이야기다. 『불행 피하기 기술』을 쓴 롤프 도벨리는 이메일을 예로 들며 비슷한 주장을 폈다. 전자우편은 지구 반대편까지 무료로 곧장 소식을 전할 수 있다. 하지만 빛 좋은 개살구라는 것이다.

"먼저 이메일 계정은 걸러내야 할 스팸메일을 끌어 모읍니다. 별로 중요하지 않지만 혹시 몰라 열어보아야 하는 소식도 숱하게 들어오지요. 일일이 읽는다면 엄청난 시간이 필요해요. 또 엄밀히 말하면 공짜가 아닙니다. 컴퓨터와 소프트웨어, 스마트폰을 사는 데 쓴 비용을 따져보았나요?"

그는 스마트 기기를 멀리한다고 했다. 시대에 뒤떨어지고 인간관계가 좁아진다는 공포는 없을까. 도벨리는 "이메일은 쓰지만 집에서는 인터넷에 접속하지 않고 스마트폰 앱도 최소한만 사용한다"며 덧붙였다. "내게 스마트폰은 공포물이고 SNS는 시간 낭비예요. 페이스북 친구가 500명이라고 해서 세계와 연결되어 있다고 생각하나요? 진짜 친구 10명이 있는 편이 훨씬 낫습니다."

우라늄 같은 방사성 동위원소에는 반감기(半減期·half-life)가 있다. 덩어리 속 원자 중 절반이 붕괴하는 시기다. 지식에도 반감기, 즉 '유효기간'이 있다. 지식 가운데 절반이 오류로 밝혀지거나 쓸모없어질 때까지 걸리는 시간은 분야마다 다르다. 미국 하버드대 정량사회과학연구소에 따르면 역사학의 반감기가 7.1년으로 가장 짧았고 심리학 7.2년, 종교학 8.8년, 수학 9.2년, 경제학 9.4년으로 나타났다. 낡은 지식에 갇히지 않도록 경계해야 한다.

'꺼꾸로 살라우'라는 공 박사의 충고와 통한다. 일부러 불편한 길만 고집할 필요는 물론 없다. 다만 친구 따라 강남 가는 건 아닌지 의심해보아야 한다. 어떤 물건을 정말 필요해서 선택하는지, 스마트 기기가 되레 생산성을 갉아먹지는 않는지, 익숙한 지식이 혹시 낡은 것은 아닌지, 자문해볼 일이다. 정신의 툴박스에서 가장 잘 보이는 자리에 넣어두어야 할 연장을 찾았다. '까꾸로 살라우!'

사회봉사자
가부라키 레이코와
'아나타(あなた)'

아시아의
슈바이처

　　　　2017년 여름날이었다. 출근했는데 책상에
편지 한 통이 보였다. 뜯으니 연두색 초청장이 나왔다.
'제27회 일가상 시상식'이라고 적혀 있었다.

　일가상은 가나안농군학교를 만든 일가(一家) 김용기
(1909~1988) 선생을 기리는 상이다. 초청장을 열어 그해
수상자 이름을 훑었다. 사회공익 부문 수상자에 눈길이
붙잡혔다. '레이코 가부라키 리(소시엔살루 봉사자)'. 가만
있자, 누구더라? 들어본 적 있는 이름인데 얼른 떠오르질
않았다.

　가부라키 레이코(鏑木玲子)로 바꾸니 기억이 선명해졌
다. 고(故) 이종욱 세계보건기구(WHO) 전 사무총장의 부
인, 가부라키 레이코 여사였다. '아시아의 슈바이처'라 불
린 이종욱은 2006년 5월 WHO 총회를 준비하다 뇌졸중으
로 쓰러져 다시 깨어나지 못했다. 예순한 살, 세상을 버리
기에는 너무 이른 나이였다. 당시 부음 기사 중 한 문단을

옮겨본다.

2003년 7월 제네바 세계보건기구(WHO) 앞에 1,500cc급 하이브리드카가 섰다. 차에서 이종욱 신임 사무총장이 내렸다. 그는 국가원수 예우를 받게 되었지만 WHO 1호차로 2,000만 원대 소형차를 골랐다. 환경자동차라는 의미가 그에겐 더 소중했다. 그것도 항상 운전사 옆에 앉았다. 같은 WHO 직원이라는 뜻이었다. 비행기도 1등석 대신 2등석을 탔다. "가난한 나라가 낸 분담금도 있는데 그 돈으로 호강할 순 없다"고 했다.

이종욱은 서울대 공대를 나온 뒤 다시 서울대 의대에 진학해 1976년 졸업했다. 봉사하는 삶을 살기 위해서였다. 의대에 다니면서도 경기도 의왕 나자로마을에서 한센병 환자를 돌보았다. 이곳에서 아내이자 평생 동지 가부라키 레이코와 맺어졌다. 가부라키 여사가 2011년 남편을 대신해 서울대 명예의학박사 학위를 받으러 한국에 왔을 때 어느 기자가 쓴 인터뷰를 찾아 다시 읽었다. 서울 중구의 한 커피숍에서 그녀는 빙그레 웃으며 이렇게 말했다고 한다.

"이곳은 특별한 장소예요. 남편과 첫 데이트를 했으니까요. (그가) 약속 시간보다 두 시간쯤 늦게 나타나 허둥대던 모습이 아직도 눈에 선해요."

가부라키 여사가 이종욱 사무총장을 기억하는 디테일

에 놀랐다. 이들은 1976년 나자로마을에서 봉사 활동을 하다 처음 만났다. "날짜도 기억해요. 2월 9일. 잘생긴 청년이 식당으로 물건을 찾으러 들어왔어요. 그 사람이었지요." 가부라키 여사는 당시 인터뷰에서 "남편이 떠난 지 5년 지났지만 시간이라는 약이 내겐 좀처럼 듣지 않는 것 같다"고 말했다. 눈가가 젖어 있었다고 한다.

다시 6년이 흘렀다. 그녀는 페루의 한 자선단체에서 봉사자로 살고 있었다. 이종욱은 유엔 최대 국제기구의 수장을 맡아 자긍심을 안겨준 첫 한국인이었다. 그토록 황망하게 별세하지 않았다면 반기문보다 먼저 유엔 사무총장 자리에 올랐을 인물이라는 평을 받는다.

연두색 초청장이 불러낸 기억을 더듬다 보니 지구 반대편에 있는 가부라키 여사를 만나고 싶어졌다. 총장 이종욱, 의사 이종욱 못지않게 그녀가 곁에서 본 '남편 이종욱'은 어떤 사람이었는지 궁금했다. 평생 남을 위해 사는 봉사자의 삶이란 무엇인지, 거룩한 인생에 혹시 상처나 후회도 있는지 질문이 꼬리를 물고 이어졌다. 전화기를 들었다. 초청장에 적힌 번호를 눌렀다.

세상에
난 혼자가
아니구나

　수녀가 되고 싶었다. 스물일곱 살에 한센병 (나병) 환자들이 모여 사는 경기 안양 나자로마을로 들어갔다. 가부라키 레이코 여사는 45년 전 기억을 불러내며 "저를 필요로 하는 곳이라 생각했다"고 술회했다. 1972년 일본에서 한국으로 건너와 나자로마을에서 봉사를 시작했다.

　인생은 여간해서 뜻대로 풀리지 않는다. 서울대 의대를 졸업한 동갑내기 청년이 1976년 그곳으로 의료봉사를 왔다. 이종욱(1945~2006). 나중에 '아시아의 슈바이처' '백신의 황제'로 불리고 WHO 사무총장이 될 남자였다. 그녀는 그의 청혼을 물리쳤다. "제가 몸이 자주 아팠고 한센병 환자들과 부대끼며 살았어요. 그 남자까지 불행해지면 어쩌나 불안했습니다." 이종욱은 물러서지 않았다. 마침내 부부가 되면서 아내는 자원봉사자의 삶을 거두고 남편 뒷바라지를 시작했다.

가부라키 여사가 2017년 일가재단(이사장 손봉호)이 수여하는 제27회 일가상(사회공익부문)을 받았다. 지구 반대편 페루의 빈민촌 카라바이유에서 지난 15년 동안 여성들에게 뜨개질을 가르치고 생산품을 판매하며 자립을 도운 공로다. 키가 150㎝쯤 되려나. 남편 나라에 다시 온 그녀는 작지만 굳세 보였다. 태평양을 건너온 비행기가 인천공항에 착륙할 때 어떤 기분이었는지 묻자 "뭔가 대단한 일이 앞에 기다리고 있는 것 같았다"고 답했다.

페루 리마에서 인천공항까지는 비행기를 갈아타고 꼬박 24시간이 걸린다. 2년 전에도 다녀갔는데 이번엔 뭐가 그토록 특별할까. 가부라키 여사는 "높은 분들 만나고 큰 상도 받아 소감을 밝혀야 하는데 남편은 숱하게 겪었겠지만 내겐 어려운 일"이라며 "혼자라서 더……"라고 했다.

한국에서 결혼하고 남편 따라 미국 하와이, 사모아, 피지, 필리핀, 스위스를 거쳐 지금은 페루에서 살고 있는데 이곳에 깃든 추억이 많나요?
나자로마을에서 일할 땐 그날그날 아주 열심히 살았어요. 4년쯤 지나자 '결혼하자'는 사람이 나타났고 명동성당에서 혼인을 하고 아들도 낳았지요. 일생 하나밖에 없는 경험들이잖아요. 살면서 중요한 구간을 한국에서 보낸 것 같아요.

우리말 참 잘하시네요.

독학했어요. 일본 성경책과 한국 성경책을 대조하며 읽은 게 도움이 되었지요. 나자로마을에서 설거지하면서도 함께 일하는 분들께 '이 단어는 무슨 뜻이냐?' 묻곤 했어요.

당시 KBS 외국인 장기자랑에서 1등을 했다고요?

이 노래로요. (흥얼거리며) 제목이 '바닷가의 추억'이에요. 가수는 누군지 기억 안 나는데, 제가 문학도 좋아하지만 기타를 치거든요. 한국 살 때 외국인 장기자랑에 한복 차림으로 나가 기타 치며 그 노랠 불렀는데 1등상을 받아 기분이 좋았지요.

처음 한국에 오게 된 사연이 궁금합니다.

일본 도쿄에서 성당에 다녔어요. 한국에서 온 신부님이 나자로마을 이야기를 들려주셨습니다. 환경이 열악하고 의료진도 부족한데 '영어 할 줄 아는 자원봉사자가 필요하다' 하셨지요(그녀는 영문학을 전공했다). 간단히 결정할 수 있는 일은 아니었는데, 무엇이 기다리고 있을 줄도 모르면서 거기 가서 돕고 싶어진 거예요.

행동으로 옮길 때 가족도 응원했나요.

어머니는 일찍 돌아가셨고 아버지 혼자 삼남매를 키웠는데 제가 한국 간다고 하니 무척 서운하셨나 봐요. 떠나는 날 인사 드리니 '그래? 넌 내 딸이 아니니까' 하셨어요.

두렵지 않았나요? 한센병은 전염병이고 환자를 돌보려면 각오가 필요한데.

대학시절 고아원에서 일주일에 두 번 아이들 숙제 도와주는 봉사를 했어요. 그 동네에서 한 정거장 가면 도쿄에 하나뿐인 나환자 병원이 있었고요. 버스 탈 때 손잡이 만지는 것도 꺼림칙했습니다. 옮을까 봐 무서웠죠. 그런데 나자로마을에서는 그런 공포가 없었어요. 이상한 일이죠. 제 마음에 굉장히 큰 변화가 일어났구나, 생각했어요.

수녀가 될 작정이었다고요?

(웃으며) 가톨릭 신자로서 욕심이 있었어요. 수녀원에서 강의하는 교수가 되고 싶었습니다.

남편을 처음 만난 날 기억하시나요?

1976년 2월 9일이에요. 젊고 잘생긴 청년이 의료봉사를 하고 싶다며 찾아왔지요. 그 사람이 환자 상처를 소독해주고 붕대 갈아주는 모습을 지켜봤어요. 진료 끝나면 제가 있는 사무실로 와 '어떤 음악 좋아하세요?' 묻기도 했죠. 일주일에 하루 이틀 오다가 나중엔 매일 다녀갔어요.

몇 달 뒤 이종욱은 청혼한다. 그를 밀쳐냈다 받아들이기까지 과정이 궁금했다. 몇 차례 캐묻자 가부라키 여사는 "왜 그것까지 알아야 하죠?"라며 눈을 동그랗게 떴다.

인생을 기록하려면 구멍이 없어야 하니까요.

수녀가 되고 싶다는 마음이 강했어요. 그때 몸이 자주 아팠고요. 한센병 환자들과 5년 가까이 지냈는데 저한테 면역(免疫)이 있을까, 의심스러웠죠. 의사는 '괜찮을 거다' 했지만 '위험하다'는 뜻으로 받아들였어요. 제가 결혼하면 그이까지 피해를 보잖아요. 또 당시에 나병 환자는 사회에서 버림받은 사람이나 마찬가지였어요. 의사 아내가 그렇다는 게 알려지면 누가 병원에 오겠어요. 그런데 설득 당했지요.

뭐라 하던가요?

그이가 딱 한 마디 했어요. '아프면 내가 고쳐줄게.' 촌철살인 같달까, 그 말에 감동했어요.

어떤 기분이었나요.

이 세상에 난 혼자가 아니구나.

어디가 얼마나 아팠나요? 그럼 봉사고 뭐고 그저 집에 가고 싶을 텐데요.

밥은커녕 물도 못 마실 만큼이요. 몸은 바짝 마르고 우울증이 겹쳤지요. 일본에 잠깐 돌아갔을 땐 아버지가 저를 데리고 다니며 스테이크 · 스시 · 튀김을 사먹였어요.

부녀가 화해했군요.

수녀가 되겠다던 딸이 결혼한다니 좋아하셨죠. 당시 한·일 관계가 나빴는데 의학 공부한 똑똑한 사위라며 반기셨어요. 결혼식 날 서울로 모셨지요. 신혼여행 안 가고 아버지가 좋아할 만한 곳을 이곳저곳 보여드렸어요.

첫사랑이었나요?

저한테는요. 서울대 의대 졸업하면 병원장 딸이다 뭐다 중매가 줄을 섰겠지요. 신혼 때 시어머님이 남편한테 '그 아가씨 있잖아, 누구랑 결혼했다더라'는 얘길 가끔 하셨어요. 남편은 듣기 싫은지 돌아눕거나 일 핑계를 대고 병원으로 나갔지요(웃음).

막상 결혼하면 배우자에 실망하곤 합니다. '의사 이종욱'과 '남편 이종욱'은 달랐나요?

아뇨. 양쪽 다 히어로(hero·영웅)였어요.

양말을 뒤집어 벗어놓는다거나, 얼룩 한 점 없는 분이었다고요?

100점 만점에 99.9점이랄까요. 좋은 남편, 좋은 아버지였고 나를 실망시킨 적이 없어요. 단점이 뭐였는지는 기억에서 지웠어요(웃음).

축구 한일전이 벌어지면 어느 쪽을 응원했습니까.

저는 축구를 몰랐고 TV를 잘 안 봤어요. 그러니 싸울 일도 없지요.

이종욱 박사는 1981년 남태평양 사모아의 작은 병원에서 일하며 의료봉사를 했습니다. 한센병 환자들을 열정적으로 돌봐 '아시아의 슈바이처'라 불렸고 1983년에 WHO 서태평양 지역사무처 한센병 자문관으로 발탁되었지요.

그 시절 우리는 바빴어요. 남편은 병원 일로, 저는 육아로. 집밖은 '자이언트 아프리칸 스네일'이라는 달팽이 천지였어요. 만지면 두통과 구토가 생기고 심하면 죽기도 했어요.

생전에 집 한 채 소유하지 않았다고 들었는데, 높은 자리에 있어도 늘 낮아지려고 노력하신 것 같습니다.

차분하고 일을 잘했죠. 하지만 야심이 없진 않았습니다. WHO가 남편의 재능을 발견해준 것도 있겠지만 하나씩 단계를 밟으며 올라갔지요. 그이가 WHO에서 차츰 중요한 일을 맡는 걸 보면서 '가족이 짐이 될 수도 있겠다' 생각한 적도 있어요.

이종욱은 WHO 본부 예방백신국장이었던 1995년 소아마비 발생률을 세계 인구 1만명당 1명 이하로 낮춰 '백신의 황제' 칭호를 얻었다. 2003년엔 WHO 사무총장으로 선출되었다. 한국인 첫 유엔기구 수장이 탄생한 순간이었다. 그는 청빈했다. "가난한 나라가 낸 분담금도 있는데 호강할 수 없다"며 1,500cc 하이브리드 차를 탔고 비행기도 1등석을 사양했다. 1년에 150일은 '출장 중'이었다.

야심가 남편과 살기는 쉽지 않았을 텐데요.

바깥에 신경 쓸 일이 워낙 많았어요. 아들도 미국에서 대학을 다닐 때라 스위스 제네바 집에 저 혼자 있곤 했지요. 외로 웠어요.

이종욱 총장이 '행동하는 사람(Man of Action)'으로 불린 거 아세요?
안 된다고 생각하면 수많은 이유가 있고 그럴 듯한 핑계가 생기기 때문에, 옳다고 생각하는 일이라면 일단 밀고 나가는 분이었답니다.
몰랐어요. 듣고 보니 결혼도 속전속결, 그런 식으로 했네요 (웃음).

인류 질병 퇴치의 최전선에서 싸웠지만 정작 자신은 돌보지 못하고 너무 일찍 떠나셨어요.
가끔 머리가 아프고 피곤하다 했지만 건강한 사람이었어요.
언젠가 최고혈압이 138로 나왔는데 저를 보곤 '거봐, 괜찮지?' 했어요. 의사인 남편이 그렇게 말하니 믿었지요.

내조만 하다 2002년 페루로 가서 다시 봉사자의 삶을 살고 있는데 어떤 계기가 있었나요?
제가 나쁜 사람이니까 떠났죠(웃음). 제네바에서 아무것도 안 하고 앉아 있는 데 지쳤어요. 고아원이나 나자로마을에서 일 하며 보람을 느끼던 때를 떠올리니 더 싫증이 났습니다. '아 프리카나 동티모르에 가서 난민을 돕고 싶다' 했더니 위험하 다며 남편이 막았어요. 그러다 페루에서 결핵환자를 돕는 단 체(소시엔살루)를 소개해주었지요.

초월한 게 아니라 이것밖에 없어요.
사람과 사람이 같은 마음으로
일을 하고 서로 이해하는 게
행복이라고 생각합니다.

처음엔 영어를 가르쳤다고 들었습니다.

네. 그런데 전화 받고 나갔다 들어오는 사람이 너무 많아 강의가 엉망이 되곤 했어요. 먹고살기 어려운 여성들에게 영어는 사치였습니다. 두세 달 만에 더는 못 하겠더라고요. 포기하고 돌아가고 싶은 마음이 굴뚝 같았지만 남편 입장이 난처해질 것 같아 리마 북쪽의 빈민촌 카라바이유로 들어갔습니다. '무헤레스 우니다스(Mujeres Unidas)'라는 공방을 열었지요.

공방 이름은 무슨 뜻입니까.

'여성 연대'예요. 페루에는 여성 홀로 자녀를 키우는 가구가 많아요. 저는 가난한 여성들에게 뜨개질을 가르치고 알파카(낙타과의 포유류) 털로 스카프·모자·스웨터 등을 만들어 판매합니다. 교육하고 재료 구입하고 판로를 만드는 일이 제 몫이죠. 한국·일본·스위스 등지에서 바자회를 열어 팔아요.

재료비며 운영비는 어떻게 마련했나요?

처음엔 남편이 남몰래 사비로 대주었어요. 돌아가신 다음에는 국제한인간호재단, 이종욱글로벌의학센터, 한국국제보건의료재단, 한국국제협력단의 지원이 큰 힘이 되었습니다. 남편이 없으니 저도 독립심이 생겨서 열심히 일했지요. 돈이 생길 때마다 판잣집이었던 공방을 수리하고 도로를 내고 화장실·부엌도 만들었어요. 형편이 나아지면서 자립하는 단계입니다.

가부라키 여사는 일가상 시상식에서 "제가 이 상을 받을 만한 가치가 있느냐고 묻는다면 감히 '네'라고 답하고 싶다"며 "페루의 공방 여성과 그들의 부모·자녀에게 의료지원이 절실하지만 우리 수익으론 엄두를 못 냈는데, 이 상금(1,000만 원)으로 어느 정도 해결할 수 있을 것 같아 기쁘다"고 말했다.

자원봉사자의 길을 돌아보면 어떤가요.
매우 어려운 삶이었고 완전히 새로운 세상이었지요. 페루에서는 가능한 일이라서 한 게 아녜요. 해야 했기에 제안하고 설득하며 변화를 이끌어냈습니다.

2006년 작고한 남편 대신 파라다이스상(특별공로부문)을 받았을 때 '남편은 내게 집 같은 존재였다'고 하셨지요.
스위스에서처럼 여전히 월세로 살고 있지만 이젠 페루 카라바이유가 내 집 같아요. 스페인어도 배웠고요.

공방의 최대 후원자는 누구인가요.
이종욱 총장이죠. 남편이 세상을 떠날 때 우리 공방으로선 최대 후원자를 잃은 거예요. 그런데 '이종욱의 아내'라는 것 때문에 지금까지도 저희 공방에 기부해주시는 한국분이 많아요. 그럴 때마다 '남편이 도와주고 있구나' 생각해요.

지금 공방에는 현지 여성 몇 분이 일하나요? 페루에서 여사님을 '카라바이유의 천사'라 부른다고 들었습니다만.
11명이요. 좀 더 나은 삶을 살 수 있도록 돕고 싶었어요. 그들에게 사랑을 배웁니다. 천사는 제가 아니라 이종욱 총장이지요.

요즘 가장 큰 근심은 뭔가요.

당장은 건강한데 저한테 무슨 일이 생기면 물건 팔 데가 없어질까 걱정이에요. (눈물을 글썽이며) 지금까진 남편이 도와주고 있어요. 제가 어린애 같죠? 그래도 괜찮아요. 남편이 너무 멀리 가버리니까 미안했는지 가깝게 도울 분들을 보내주고 있어요.

지치고 외로울 땐 어떻게 견디나요.

남편 사진을 보면서 주문을 읊습니다. '아나타(あなた · 여보) 도와주세요, 아나타가 필요해요.' 평소에 남편을 그렇게 불렀어요.

인생에서 후회스러운 일도 있는지요.

2002~06년엔 1년의 반은 페루, 나머지 반은 스위스에서 살았어요. 남편과 떨어져 있던 탓에 돌아가신 것 아닌가 생각들 때마다 사무치게 눈물이 나요. 후회하고 또 후회하죠.

보통 사람은 좋은 직업, 좋은 집, 좋은 차를 소유하는 데 집착합니다. 물욕을 초월한 분 같은데 행복이란 무엇이라고 생각하시나요?

초월한 게 아니라 이것밖에 없어요. 사람과 사람이 같은 마음으로 일을 하고 서로 이해하는 게 행복이라고 생각합니다.

　부부는 닮은꼴이었다. '행동하는 사람'은 가부라키 여사를 가리키는 말처럼 들렸다. 그녀는 조금 큰 여행가방만 한 체구였다. 팔은 작은 나뭇가지처럼 가늘었다. '인생은 빌린 것'이라는 말이 떠올랐다. 가부라키 여사가 옆에 있는 남편의 흉상을 쓰다듬으며 혼잣말로 한참 중얼거렸다.

　틈을 두었다가 뭐라 속삭였는지 물었다. 그녀가 조용히 말했다. "'왜 안 움직여요? 왜 안 움직여요?'라고 했어요."

리자의
나무처럼

　　　가부라키 레이코 여사를 두 번에 걸쳐 만
났다. 첫째 날에는 연세대 간호대학 빈 강의실에서 인터
뷰를 했다. 둘째 날엔 서울시청 앞 한국국제보건의료재
단 '이종욱 기념 전시실'에서 사진을 촬영했다. 가부라키
여사가 남편의 흉상을 어루만진 장소다. 어린 시절부터
WHO 사무총장으로 일하기까지 이종욱의 일대기가 사진
과 업적, 명언 등으로 잘 정리되어 있었다. "세계는 오늘
위대한 사람을 잃었다"는 코피 아난 전 유엔 사무총장의
추모사도 보였다.
　가부라키 여사는 전시실 곳곳에서 이종욱의 온기를 차
분하게 눈에 담았다. 슬픈 일들이 더 슬퍼지는 건 우리
가 혼자 슬픔을 견디고 있다고 느끼기 때문이다. 그날 사
진기자는 가부라키 여사 뒤로 2003년 이종욱 총장이 아
프리카 앙골라를 방문했을 때 모습이 겹쳐지도록 앵글
을 잡았다. 저마다 자원봉사로 바쁜 부부가 모처럼 한 공

간에서 재회한 것 같았다. "먼저 떠났지만 남편은 여전히 내 삶의 가장 큰 후원자"라고 그녀가 말할 때 눈시울이 붉어졌다.

울음이라는 행동이 인류 진화 과정에서 사라지지 않은 이유는 생존에 도움이 되었기 때문일 것이다. 눈물은 타인의 도움이 필요하다고 외치는 구조 신호다. 세상에 우리는 혼자가 아니다. 누군가를 사랑하거나 꿈을 향해 나아갈 때 '속해 있다'는 감정이 없으면 불안하다. 우리는 사실 고독하니까. 그날 가부라키 여사를 보며 이종욱 총장은 '없지만 있는' 존재, 그녀가 의지하는 마음의 버팀목이라는 생각이 들었다.

소아마비 발생률을 세계 인구 1만 명당 1명 이하로 낮춘 '백신의 황제' 이종욱은 다양한 경험을 하며 성장했다. 늘 행동의 중요성을 강조하는 사람이었다. "옳다고 판단해 일을 추진하면 공감하는 회원국들이나 기부자들이 재정을 지원하고 전문가들도 동참할 테니 망설이거나 포기하지 말라"고 당부했다. WHO 제네바 본부에서 그와 함께 일한 권준욱 씨가 펴낸 책 『옳다고 생각하면 행동하라』에 나오는 이야기다.

"옳다고 생각하면 바로 행동해야 해. 돈이 없어서, 전문 인력이 부족해서, 같이 일할 지원 인력이 필요해서, 회원 국들의 적극적인 참여를 기다렸다가, 이런 식으로 하지 않을 핑계를 대면 한도 끝도 없거든. 안 된다고 생각하면 수많은 이유가 생겨. 뭔가를 해야 한다고 생각했으면 일단 시작해서 밀고 가야 해."

그렇게 남다른 추진력을 가진 이종욱은 가슴이 따뜻한 리더였다. WHO에는 '리자의 나무'가 있다. 스위스 출신 여성 직원 리자 베르농을 기리는 나무다. 결핵국을 거쳐 아프리카 사무소에서 일한 리자는 장차 제네바로 복귀해 큰 역할을 할 사람으로 꼽혔다. 친절하고 진지하면서도 밝은 표정이라 직원들 모두 그녀를 좋아했다고 한다. 리자가 2005년 1월 불의의 사고로 숨지자 이종욱 총장은 WHO 입구에서 식수(植樹) 행사를 열었다. 리자를 기리는 나무를 심은 그는 이렇게 추모했다.

"우리가 늙어가고 WHO 식구들이 바뀌어도 방문자들은 이 나무를 보며 물어올 겁니다. 리자가 누구냐고. 아는 사람이 답하겠지요. 그녀는 아프리카에서 결핵 퇴치를 위해 일하다 목숨을 바쳤다고. 우리는 리자를 이곳, 우리 곁에 남겨둡니다. 그녀가 우리를 지켜보고 또 격려할 것입니다. 우리도 언젠가는 리자를 만나겠지요. 그녀가 못 다 이룬 꿈을 위해 노력하고 또 노력합시다. 자, 한 사람씩 나무에 흙을 뿌립시다. 모두 리자를 위해서입니다."

리자의 나무 이야기를 다시 읽으며 가부라키 여사를 생각했다. 가슴 한 켠에 이종욱이라는 나무를 심었을지도

모를 일이다. 그렇게 믿고 싶어졌다. 어떤 근심이 닥칠 때마다, 중대한 갈림길에 설 때마다, 가부라키 여사는 내면의 그 나무를 바라볼 것이다. "아나타, 도와주세요. 아나타가 필요해요"라는 말은 이종욱을 불러내는 주문처럼 들렸다.

대통령 염장이
유재철이 말하는
'죽음'

건강검진

      11월 초에 건강검진센터에 전화하면 다짜고짜 사과부터 한다. "죄송합니다. 모든 상담원이 통화 중입니다……." 이 기계음은 '어디서 뭐 하다 낙엽 질 때 와서 난리냐'는 꾸지람으로 들린다. 10~12월은 건강검진 성수기. 인류의 가장 오래된 행동이라는 기다림을 체감한다. 전화기 붙들고 3분, 마침내 그분이 납신다.

    "가장 빠른 날요? 이달은 예약이 꽉 찼고 12월 마지막 주에 진행하시면 됩니다."(상담원)

    50일이나 기다려야 한다고? 고구마 같은 상황에 '진행'은 또 웬 말인가? 인내심도 검진 예약의 한 부분이다. 짜증을 누르고 '날짜를 받고' 전화를 끊는다.

    마흔 살에 처음 대장 내시경을 받았다. 날마다 불을 뿜는 상사나 감정노동에 시달리는 말단 직원이나 검진복을 입으면 느리고 온순한 양(羊)이다. 그 틈에 앉아 40년 만에 들여다볼 창자 속을 상상했다. 자못 불안했다.

검진센터에서 마주치는 사람들은 비슷비슷하다. 수백 명쯤 되는 무리가 그렇게 순서와 지시를 잘 따르는 공간이 또 있을까 싶다. 어쩌면 검진복이 그들을 균일한 감정 상태로 이끄는지도 모른다. 건강검진을 받는 날이면 원근감이 달라진다. 일상의 다른 스트레스는 멀찍이 물러난다. 오직 건강에 대한 근심과 공포가 고개를 들고 돌진해온다.

검진센터는 서로 모르는 사람들을 1년 또는 2년에 하루씩 한 공간에 몰아넣는다. 거대한 공조 장치처럼 비칠 때도 있다. 공기, 온도, 습도는 물론 걱정까지 일정 수준으로 제공하니까. 복도에는 진정제 같은 클래식 음악이 우아하게 흐른다. 하지만 기분은 쾌적해지지 않는다. 자꾸만 덜컹거린다. 내 몸에서 위중한 무언가가 발견될 것만 같다.

검진센터 내부 풍경은 구태여 묘사하지 않아도 짐작할 수 있다. 나는 직원에게 문진표를 건네준다. 열쇠를 받아 탈의실로 입장한다. 창백한 검진복으로 갈아입는다. 키와 몸무게, 혈압을 재면서 검진이 시작된다. 팔뚝을 휘감아오는 압력을 피해 고개를 돌리니 복도에 늘어선 작은 방 수십 개가 보인다. 앞으로 서너 시간 동안 이쪽 방에서 저쪽 방으로 떠밀리듯 건너가야 할 운명이다. '출발선 증후군'이라고 해야 하나. 인생을 알아버렸다고 시건방 떨던 시절부터 늘 그랬듯이, '저걸 또 언제 다 받나'라는 피로감부터 밀려온다. 땅이 꺼져라 한숨을 뱉는다.

그러다 문득 죽음에 대해 생각할 때가 있다. 언젠가 내게 닥칠 죽음. 먼 훗날일 수도 있고 며칠 뒤일지도 모른다. 불의의 사고가 아니라 질병 때문에 죽는다면 사인(死因)은 무엇일까. 우리 가계에 내가 미처 모르는 병력은 없을까. 가만, 혈관계가 좋지 않은 것 같은데……. 다음 검진 순서를 기다리며 주책없는 망상에 빠진다.

검진센터 안에도 이따금 교통 체증(?)이 일어난다. 고개를 빼고 하염없이 기다려야 하는 순간 말이다. 내 앞에는 검진복을 입은 중년 남자가 앉아 스마트폰을 보고 있다. 어깨가 넓고 팀장 이상의 직함을 가지고 있을 법한 그에게도 몸 어딘가에 꺼림칙한 구석이 있으리라. 검진센터에서 우리는 평소보다 활기를 잃고 더 나약해진다. 건강이란 으레 그런 것이다.

간밤에 장 세척제를 2리터나 삼키며 속을 청소하느라 기운을 다 쓰고 말았다. 검진의 마지막 순서는 위 내시경과 대장 내시경이다. 나는 수면 내시경을 선택했다. 잠에 흠뻑 취한 상태로 그동안 내가 먹은 음식이 지나간 길을 훑어보는 셈이다.

바퀴 달린 병상에 누워 순서를 기다리는데 황당한 '소음'이 들려왔다. 누군가 지르는 "아, 나 이거 한 대만 더

놔줘요. 변태인가 봐" 소리에 웃음이 터졌다. 그 약물은 마이클 잭슨을 영원히 잠들게 한 프로포폴이다. 마침내 내 차례가 되었다. 간호사는 무덤덤한 표정으로 흰색 액체를 주입한다.

아주 가끔이지만, 수면 상태에 빠졌다가 영영 깨어나지 못했다는 사고 소식을 접한다. 평균 수명쯤 살고 자다가 그대로 죽음에 이른다면 행복한 끝이겠다 싶다. 프로포폴이 왜 나한테는 반응이 더디지, 하다가 까무룩, 정신을 잃는다.

죽음을 알아야
삶이
깊어진다

           사무실 전화번호 뒷자리가 '4444'였다. 남들은 한사코 피할 죽을 사(死)를 그는 붙잡고 있다. 염습(殮襲)이 직업이라서다.

유재철 연화회 대표는 '대통령 염장이'라 불린다. 2006년 고(故) 최규하부터 2009년 노무현, 2015년 김영삼 전 대통령 장례를 직접 모셨다. 2009년 김대중 전 대통령 국장(國葬) 진행도 맡았다. 2010년 법정 스님을 비롯해 큰스님들의 다비도 대부분 이 염장이 손을 거쳤다.

2017년 말 서울 누하동 사무실에서 만난 유 대표는 "죽음을 공부해야 삶이 깊어진다"며 이렇게 덧붙였다. "사람들은 마치 자신은 안 죽을 것처럼 살지요. 그런데 스티브 잡스(애플 전 CEO)를 보세요. '오늘이 마지막날이라면 뭘 할 것인가' 매일 자문했습니다. 기자도 원고 마감시간이 있지요? 끝이 있어야 뭐라도 나오잖아요. 죽음은 그래서 축복일 수 있습니다. 죽는다는 걸 의식하면 하루하루가 소중해져요."

누구나 죽으면 장의사 도움을 받아야 한다. 종교와는
무관하다. 그에게 '마지막 목욕'을 맡기고 수의로 갈아입
고 관 속에 눕는다. 하지만 멀쩡히 산 채로 염장이 손을
만지려니 좀 께름칙했다. 용기를 냈다.

손이 차네요.
그런가요? 사람들은 부드럽다고 해요. 저는 11월부터 3월 초
까지는 외출할 때 장갑을 낍니다. 알코올 묻힌 솜을 하도 만
져서 손가락 끝이 걸핏하면 갈라져요. 요즘엔 염할 때 특수
약품을 써서 좀 나아졌습니다.

손이 재산 목록 1호군요.
제 몸에서 가장 소중하죠. 손에 상처가 나면 염을 못 하니까요.

생명이 없는 육체 앞에 설 때 어떤 마음인가요.
무념무상입니다. 이 일을 시작한 지 얼마 안 된 때였어요. 어
린 애들 두고 떠난 50대 남자를 모시고 돌아온 날, 그분 얼굴
이 자꾸 보였습니다. 뜬눈으로 밤을 새웠지요. 이런 경우를
당했다고 하니 어느 스님이 '이눔아, 너 무슨 마음으로 염했
냐?' 물으시길래 '부디 좋은 곳으로 가시라고 했다' 답했어요.
'나쁜 짓 했으면 지옥 가고 좋은 짓 했으면 극락 가는데 니가
마음에서 놓질 않아 영혼이 떠나지 못한다' 꾸짖으셨지요.

그 뒤로는 정성껏 염만 하지, 장례 치르고 나면 바로 잊어요.

3일장은 어떤 절차를 밟는지요.

첫째 날 수시(收屍)를 합니다. 숨지고 몸이 경직되기 전, 보통 3시간 안에 시신을 바르게 펴는 거예요. 칠성판에 종이 끈으로 묶어드립니다. 둘째 날 목욕시키고 수의 입히고 관에 모시는 게 바로 염습이에요. 염(殮)이 '묶는다', 습(襲)이 '목욕시키고 갈아 입힌다'는 뜻인데 시간은 40~45분쯤 걸립니다. 셋째 날 발인하고요.

대통령들이 왜 한 사람만 찾나요?

제가 1990년대 중반부터 큰스님들 다비를 많이 했어요. '한국 단체장(團體葬)'으로 동국대 석사논문을 쓸 때 행자부 의정팀을 만났는데, 비밀 해제된 육영수 여사 자료를 받았지요. 그런데 2006년에 최규하 전 대통령이 돌아가신 겁니다. 한때 나라를 책임지신 분이 별세했으니 돕고 싶어 찾아간 게 시작이었어요. 제가 또 중요무형문화재 111호 사직대제 이수자예요. 노무현 전 대통령 때는 탤런트 여운계 씨를 염하다가 연락을 받았어요. 경남 양산 부산대병원으로 곧장 달려갔지요.

가보니 어떻던가요.

피투성이더라고요. 정맥에서 피를 빼고 동맥으로 특수약품을 집어넣으면 부패를 막을 수 있어요. 정몽헌 전 현대그룹

회장과 노무현 전 대통령처럼 추락사한 분들은 그렇게 복원해드립니다. 가족들이 얼굴을 봐야 하니까. 봉하마을로 가기 전에 수습을 하고 임시 관에 모셨어요.

김대중 전 대통령 국장에도 호출을 받았나요?
장례협회와 상조회사 등 다섯 군데가 맡았는데 모두 저한테 연락해왔어요. 경험 있는 사람이 끼어야 한다는 겁니다. 염은 천주교 교인들이 하고 저는 국회의사당에 고인 모실 곳과 조문 받을 곳, 영결식장을 관리하고 운영했습니다.

유 대표는 '대한민국 전통명장'(장례1호)이다. 장례지도사 자격증을 받은 사람만 전국에 2만 명. 그는 "밥 먹고 살려다 이 직업을 가지게 되었다"고 했다.

염장이가 꿈은 아니었군요.
그럴 리가요. 79학번인데 전문대 기계과 졸업하고 스물일곱 살에 창업을 했어요. 아파트 창틀 설치, 방화문 제작 같은 일을 하다 모조리 들어먹었지요. 100일쯤 집에 틀어박혀 폐인처럼 지냈어요. 사람이 좌절해 무기력해지면 걷잡을 수 없더라고요. 어머니가 기도하러 개운사에 다니셨는데 거기 따라간 게 첫 외출이었어요.

절에서 기운을 얻었나요.
친구나 후배 때문에 사업이 망한 줄 알고 원망했는데 아니더라고요. 소양도 없이 뛰어든 제 잘못이었습니다. 그때부턴 중학생들 필독서도 팔고 컴퓨터 학원도 운영하고 했는데 재미를 못 보다, 전라도 광주에서 열린 불교청년대회에 갔다가 장례업 하는 친구들을 만났지요. 실의에 빠졌다 살아난 게 불교 덕이라서 그 일에 끌렸습니다.

시신을 만지는 게 두렵지 않았나요?
집안이 경기도 광주에서 400년 살았는데 어릴 적부터 상제례에 참여했어요. 할머니 돌아가셨을 땐 아버지가 저더러 '머리 잡고 있어라' 해서 잡아드렸지요. 아무렇지도 않았습니다. 장례업 하는 청년들 사귀며 시신 닦고 염하며 매장·화장 쫓아다니면서 배웠어요. 또 3년간 지방의 고수들을 찾아 다녔고요. 관을 묶는 방법만 전국에 15가지가 있습니다. 시신 묶을 때 경기도는 21매듭, 경상도는 7매듭을 지어요. 염하고 수의 입히는 방식도 지역마다 다릅니다.

관을 빼고 시신만 매장하는 곳도 있나요?
그걸 '탈관'이라고 해요. 제 고향도 그렇고 충주 청주 안동 등 내륙 지방은 과거에 대체로 그렇게 했습니다. 시신만 베로 염해 모신 거예요. 공원묘지 생기면서 따로 관을 처리해야 하는데 산불 위험 때문에 소각을 막으면서 15년쯤 전부터는 관째 묻고요.

장의사 개업은 언제 했는지요.

1994년 10월 24일. 1024라는 숫자가 '장의사'예요(웃음).

주변에서 뜯어말리지 않던가요?

친구·선후배 가릴 것 없이 난리가 났어요. '멀쩡한 사람이 딸 시집은 어떻게 보낼 거냐'면서요. 이젠 청첩도 안 들어오지만 저는 결혼식에 거의 안 가요. 뭐가 잘못되면 제 탓을 할테니까요.

때려치우려고 한 적도 있었는지요.

오늘 눈이 내렸잖아요. 빗자루로 사무실 앞을 쓸었어요. 안 해본 사람은 눈을 피해 다니기만 하지요. 염하고 유족들 눈동자 보면 '이런 대접을 받는 일이 또 있을까' 싶어요. 할머니는 제 손 꼭 잡고 '나도 자네 손으로 해줘. 우리 언니 이쁘게 작별하게 도와줘 고마워' 하십니다. 그럴 때마다 직업 선택 잘했다 싶지요. 염이 재미있어요. 며칠 안 하면 허전하고 병이 납니다.

유 대표는 '한국 국가장'으로 박사 학위를 받았다. 다시 태어나도 같은 길을 갈 것이라고 했다. "다시 한다면 더 일찍 이 공부를 시작해야지요. 쉰 살 넘어 박사 학위 따느라 고생하지 말고"라며 웃었다.

그동안 염해드린 분이 얼마나 될까요.

3,000여 분쯤이요. 윤달에는 산소 개장(改葬)을 400~500개씩

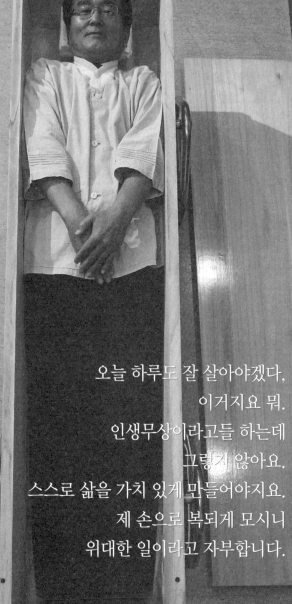

오늘 하루도 잘 살아야겠다,
이거지요 뭐.
인생무상이라고들 하는데
그렇지 않아요.
스스로 삶을 가치 있게 만들어야지요.
제 손으로 복되게 모시니
위대한 일이라고 자부합니다.

하고 그랬어요. 전국 다비의 3분의 2는 저희가 합니다.

비용은 얼마나 되나요.
그때그때 달라요. 적으면 100만 원이고 수금을 가장 많이 한 기업인 장례가 8,500만 원이었습니다.

특별히 어려웠던 장례는요?
법정 스님이지요. '관과 수의를 따로 마련하지 말고 승복 입은 상태로 다비하라'는 말씀을 받들기 위해 고심했습니다. 순천 송광사에서 15도 경사로 30분쯤 걸어 올라가야 다비장이 나오는데 팔다리를 그냥 잡고 갈 순 없잖아요. 스님이 오대산에 은거할 때 낮잠 주무시고 책도 읽고 한 대나무 평상을 가져오라고 했어요. 몸 닦고 입었던 옷 그대로 입히고 거기 모셔서 운구했습니다.

대통령 장례 중 기억에 남는 일화가 있는지요.
노무현 전 대통령 만장(輓章) 사건입니다. 사나흘 안에 2,000개를 만들어야 하는데 글은 누가 쓰며 대나무는 어디서 구합니까. 서예 하는 분들 수소문하고 담양군청에 대나무 요청하고 동대문시장엔 비상을 걸었어요. 간신히 만들었더니 행안부에서 대나무를 PVC로 바꾸라는 겁니다. 죽창으로 바뀔지 모른다는 우려 때문이었겠지요.

장례 문화 중에 우리가 잘못 알고 있는 것도 있나요?

완장이 대표적이지요. 완장은 일제(日帝)의 잔재입니다. 시위로 번질까 봐 조선총독부가 강요했어요. 출토 복식을 공부해 보니 색동저고리, 비단도 나와요. 삼베는 죄인이 된 자손들이나 입던 건데 일본이 비단·명주 약탈해가면서 삼베 수의 문화로 바꿨습니다. 이맹희 CJ 명예회장 모실 때는 그분이 원해서 평소 좋아하신 양복을 입혔어요. 예법에 어긋나는 게 아녜요. 대통령 장례식은 그릇된 풍토를 바꿀 기회입니다. 김영삼 전 대통령 장례 땐 김현철 씨 설득해 상주가 완장 대신 리본을 달았습니다. 운구병들 마스크도 벗겼지요. 또 상주는 꼭 자식이 안 해도 돼요. 최진실·조성민 씨 자살 때 어린아이들을 세웠잖아요. 트라우마로 남을 겁니다.

과거의 5일장과 요즘 3일장은 어떻게 다릅니까.

5일장을 지낼 땐 첫날엔 고인을 그대로 뒀어요. 깨어나실 수도 있다 생각한 거죠. 둘째 날 칠성판 만들고 셋째 날 염을 하고 그제야 부고를 알렸습니다. 닷새째 나가는 거죠. 가족끼리 슬픔을 삭일 시간을 준 겁니다. 요즘 3일장은 너무 급하고 상업적이에요.

직업병이나 습관이 있는지 궁금합니다. 따님 결혼식 땐 어떡하실 건가요?

결혼식장과 초상집에는 안 가요. 재수 없다는 뒷말이 나와요. 제 딸 결혼식은 피할 수 없지요. 요새는 신랑·신부 동시 입장도 많더라고요(웃음).

그 무렵 암 말기 선고를 받은 일본의 한 기업 CEO가 연명치료를 거부했다. "건강할 때 감사 인사를 전하고 싶다"며 '생전 장례식'을 열어 화제가 되었다. 유 대표는 "일본은 그런 경우가 꽤 있는데 다양성이 부럽다"고 했다.

국내에선 전무한가요?
'나 죽으면 제일 예쁜 옷 입고 와야 해. 절대 울고 짜고 하지 마. 음악은 경쾌한 걸로 틀었으면 좋겠어' 했던 한국 미용계 대모(代母) 그레이스 리(이경자) 말고는 기억이 안 나네요.

연명치료는 어떻게 보시나요.
본인이 삶에 대한 의지가 있고 생각을 할 때라야 사람으로 존재하지, 기계에 의지해 죽음을 지연시키는 게 무슨 의미가 있을까요.

마지막 인사할 때 유족은 어떻게 준비해야 하나요.
염할 때 참여하시라고 권합니다. 마지막엔 얼굴 보고 만져 드리고 좋은 말만 해주세요. 울음은 전염됩니다. 고인 수의에 눈물 떨구는 거 아녜요. 그럼 무거워서 못 떠납니다. 귀가 제일 나중에 닫히니까.

무슨 뜻인가요?

1996년에 말기 암 환자 두 분을 염한 적이 있습니다. 한 분은 부자였고 한 분은 그렇지 않았어요. 그런데 부자는 인상을 쓰고 돌아가셨습니다. 다른 한 분은 표정이 맑았고요. 알고 보니 돌아가신 뒤에 유족이 좋은 말만 하고 염불도 들려드렸대요.

삶과 죽음의 경계에서 터득한 철학도 있는지요.

오늘 하루도 잘 살아야겠다, 이거지요 뭐. 인생무상이라고들 하는데 그렇지 않아요. 스스로 삶을 가치 있게 만들어야지요. 제 손으로 복되게 모시니 위대한 일이라고 자부합니다.

언젠가 꼭 염해드리고 싶은 사람, 반대로 거절하고 싶은 사람도 있는지요.

부모님은 제 손으로 모셔야죠. 누구라고 말은 못 해도 권력자 중 한 분은 손대고 싶지 않아요.

대통령 염장이가 세상 떠날 땐 누가 염해주길 바라나요?

막연하지만…… 제자들이 해주겠지요.

이튿날 유 대표가 이메일을 보내왔다. 밤새 화두처럼 그 질문에 시달렸다고 했다. 20년 전 곱게 떠난 팔순 할머니 한 분이 떠올랐다며 이렇게 적었다. "마흔 살에 사별하고 2남 1녀 여법하게 키우셨는데 떠나실 땐 일주일간 곡기 끊고 가셨어요. 염을 해드리는데 대소변도 없이 너무 깔끔하셨지요. 지금 같으면 그대로 관에 모실 텐데. 본인이 임종(臨終), 끝을 맞이하며 스스로 습(목욕)도 다 하신 겁니다. 그 할머니같이 가고 싶네요. 제일 좋아하는 옷 입고 누우면 후손이 관 뚜껑은 닫아주겠지요."

엄숙한
초대장

어느 화장장에 갔다. 소각로 8개가 바쁘게 돌아가고 있었다. 마지막 가는 길에서도 순서를 기다려야 했다. 화장장 앞에 영구차와 자동차가 즐비했다. 생명이 없는 육체가 담긴 목관이 전기 화로에 들어갔다. 소각부터 냉각까지 걸린 시간은 약 60분. 유족에게 돌아올 땐 한 되 남짓한 뼛가루였다. 삶의 잔해는 하얗고 가벼웠다.

죽음은 피할 수 없는 삶의 조건이다. 태어날 때는 남의 고통을 빌리지만 죽을 땐 혼자 감내해야 한다. '대통령 염장이'를 만나고 나서 베르나르 베르베르가 지은 소설 『웃음』이 떠올랐다. 작가는 인생의 구간별 자랑거리를 이렇게 꼽았다.

2세 때는 똥오줌을 가리는 게 자랑거리다. 3세 때는 이가 나는 게 자랑거리, 12세 때는 친구들이 있다는 게 자랑거리, 18세 때는 자동차를 운전할 수 있다는 게 자랑거리, 20세 때는 섹스를 할 수 있다는 게 자랑거리, 35세 때는 돈이 많은 게 자랑거리, 50세 때는 돈이 많은 게 자랑거리다.

그런데 더 살면 자랑거리가 뒤집힌다. 마라톤에 빗대면 반환점을 돌아 거꾸로 간다고 해야 하나. 60세 때는 섹스를 할 수 있다는 게 자랑거리, 70세 때는 자동차를 운전할 수 있다는 게 자랑거리, 75세 때는 친구들이 남아 있다는 게 자랑거리, 80세 때는 이가 남아 있다는 게 자랑거리, 85세 때는 똥오줌을 가릴 수 있다는 게 자랑거리라고 작가는 썼다.

인생의 경로를 이렇게 압축하다니, 삶은 역시 멀리서 보면 희극인 모양이다. 우리는 너나없이 똥오줌 가리는 것부터 배우고 자랑스러워 하다가 삶을 마감하기 전에는 다시 똥오줌 가리는 게 어렵다. 인생을 단순화하면 조금씩 죽어가는 과정이다. 결국 죽어 먼지가 될 텐데 뭘 그리 전전긍긍하나. 하루하루 선물 받은 것처럼 살아야겠다고 다짐한다. 마음 먹은 대로 되면 좋으련만.

2019년 말에 희한한 부고(訃告)를 받았다. 이메일 제목이 '살아서 하는 장례식과 출판기념회'였다. 멀쩡히 산 사람을 장사 지낸다고? 고인(故人)도 없고 통곡도 없는 초상집에 초대받은 셈이다.

"나는 늘 마음에 죽음을 새기며 하루를 살아가고 있습니다. 자식들에게 할 유언을 준비하다 생각했습니다. 죽은 뒤 찾아오는 사람들이 무슨 의미가 있는가? 내가 살아서 조문 온 사람들을 직접 만나보고 가는 게 좋겠다."

서길수 전 서경대 교수는 "내 죽음을 내가 보며 가게 해 달라"며 살아서 장례식을 했다. 사람은 자연의 일부이고 반드시 죽는다. "과일이 익으면 떨어지듯이요. 두렵지만 맞아들여야 합니다. 죽음을 슬퍼한다고 해서 어떤 실익이 있나요? 이치를 받아들이면 슬프지 않아요. 몰라서 두려운 겁니다."

라틴어 '메멘토 모리(memento mori)'는 엄숙한 초대장 같다. 낭랑한 발음 속에 '(당신도) 곧 죽을 운명이라는 것을 기억하라'는 진리를 담고 있기 때문이다. 예술 작품들은 흔히 해골이나 모래시계로 '메멘토 모리'를 표현한다. 여객기 추락 사고가 증명하듯이 21세기에도 인간은 예고 없이 덮쳐오는 죽음에서 벗어날 수 없는 존재다.

사람은 대체로 60만~70만 시간을 살다 간다. 수명만 늘어날 뿐 생로병사는 그대로다. 결국 몸도 정신도 무너진다. 배우 윤정희처럼 알츠하이머(치매)로 기억을 잃어가며 자신을 상실하기도 한다. 노년이 길어질수록 슬픔을 견뎌야 할 일이 더 많아진다. '어떻게 죽을 것인가'는 100세 시대에 '어떻게 살 것인가' 못지않게 위중한 질문이다.

2019년 벽두에 이어령 이화여대 명예교수가 암 투병 중이라는 소식을 들었다. 그는 "우리는 사실 태어날 때부터 목숨을 건다. 4cm도 안 되는 좁은 산도(産道)를 필사적으로 나오지 않나"라며 "죽음을 기억할 때 비로소 삶이 더욱 농밀해진다"고 말했다. 태어나면서부터 사형 선고를 받았다고 생각하는 사람에겐 "너 죽어" 해도 두려울 까닭이 없다. 과일 속에 씨가 있듯이, 생명 속에 죽음도 함께 있다는 것이다.

죽음을 늘 의식하라는 충고는 우리를 절망에 빠뜨리려는 게 아니다. 삶에서 진정한 우선순위에 집중하라는 뜻이다. 대통령 염장이 유재철 씨는 말한다. 죽음은 그래서 축복일 수 있다고. 어차피 죽는다고 생각하면 크고 작은 근심은 대부분 무의미하다고. 우리는 죽음 덕분에 좀 더 용감해질 수 있다. 감정에 대해, 삶에서 진짜 바라는 것에 대해.

PART 3

내부의 이방인이
속삭였다

탈북화가
선무가 찾은
'자유'

실패한
염탐

2005년 10월 어느 날, 서울 김포공항에서 탑승을 기다리다 까무러칠 뻔했다. 당일 행선지는 '평양'. 단체 관광객 틈에 끼어 북한의 수도 풍경을 상상하고 있을 때였다.

"박 형, 여기 웬일이야?"

누가 큰 소리로 나를 불렀다. 맙소사, 평소 안면이 있던 개그맨 김형곤이 다가오는 게 보였다. 전혀 예상하지 못한 일이었다. 게다가 그는 고함치듯이 "취재 가나?"라고 묻고 말았다. 방북하는 단체 관광객들의 시선이 일제히 그와 나에게 쏠렸다. 어찌나 황망하던지. 일주일 넘게 공들인 계획이 산산조각 나는 파열음이 들리는 것 같았다.

'잠입 취재'라는 말이 있다. 신분을 숨기고 어떤 현장에 들어가 필요한 재료를 구하는 취재 기법이다. 기자는 본질적으로 정보를 캐내는 스파이에 가깝다. 잠입 취재라고 하면 꽤 긴박하고 아슬아슬하게 들릴 것이다. 하지만 쉽게 말하면 염탐과 같다.

　김형곤이 공항에서 불렀을 때 나는 북한으로 잠입 취재를 가는 참이었다. 2005년 10월 대집단체조 예술공연 〈아리랑〉 관람이 포함된 평양행 1박 2일 여행상품을 샀다. 금강산에 다녀온 적은 있지만 평양은 처음이었다. 정직하게 신분을 밝히면 북한 당국이 방북을 불허했을 것이다. 허용한다고 해도 밀착 감시를 받을 테니 일반 관광객인 척하기로 했다.

　북한은 그해 8월 16일부터 10월 17일까지 〈아리랑〉을 공연하며 외화를 쓸어 담고 있었다. 광복과 노동당 창건 60주년을 기념하는 이벤트였다. 나는 잠입 취재를 앞두고 감정이 복잡했다. '불안한 설렘'이랄까. 공연 담당 기자로서 버킷 리스트 중 하나를 이룬 것마냥 들떴지만 한편으로는 조마조마했다. 여행객들 틈에 숨어도 감시원이 붙을 테고 신분 조회도 받을 텐데 과연 비밀을 유지할 수 있을까. 무사히 임무를 마치고 돌아올 수 있을까. 북으로 가기 전날 밤 잠자리에서 오래 뒤척였다.

　다음 날 아침 기어코 일이 벌어진 것이다. "박 형, 취재 가나?" 때문에 일행 중 상당수가 내가 기자라는 사실을 알아챘다. 평양행 비행기에 탑승하기도 전에 말이다. 잠입 취재는 그 순간 들통나 공개 취재가 된 셈이었다. 뭔가 시작하기도 전에 일을 그르친 경험이 있는가. 그날 내가 그랬다. 비행기가 국경을 넘어 평양 순안비행장으로 날아가는 50분 동안 뒤통수가 따갑고 속이 쓰렸다. 궁지에 몰려도 사람은 한 가닥 희망을 찾게 되어 있다. 그날 내가 그랬다. 좀 우습게 들리겠지만 북한 사람들은 아직 내 정체를 모를 테니까.

수첩에 뭔가 계속 끄적거리면 눈길을 끌 테니 가능한 한 기억에 담아두었다가 호텔방에서 더듬더듬 풀어내기로 했다. 관광객 일행은 그날 평양 옥류관에서 점심을 먹었다. 명성과 달리 옥류관 평양냉면은 내 입맛과는 궁합이 맞지 않았다. 서울 을지면옥이나 우래옥에 비해 육수가 탁하고 먹을 게 못 되었다. 북한에서는 평양냉면 간을 소금이 아니라 간장으로 맞춘다는 걸 나중에야 알았다. 오후에는 개선문, 만경대 학생 소년궁전, 동명왕릉을 둘러보았다.

그날 저녁 7시 30분. 드디어 1등석 관람표를 받고 능라도 5·1경기장에 입장했다. 북한 주민들에겐 남쪽에서 온 사람들이 구경거리였다. 진보단체 참관단 200여 명이 한반도기를 흔들며 "조·국·통·일"을 외치자 북한 주민들이 일어나 손을 흔들었다. 우리 일반 관광객은 대조적으로 어색한 침묵에 잠겼다. 〈아리랑〉에 중학교 시절 배경대(카드섹션)로 참여했다는 북측 안내원은 "변화가 많기 때문에 정신 바짝 차리고 보라"고 당부했다.

처음엔 글자들이 명멸했다. '만경대' '모란봉' '대동강' '보통강'……. 몸을 완전히 가릴 정도로 큼지막한 색종이를 수십 장씩 지닌 북한 중학생 2만 명이 일제히 그 색종이들을 펴고 접었다. 고화질 LED 스크린이라면 훨씬 더 놀랍고 매혹적인 풍경을 빚어낼 수 있을 것이다. 하지만 우리는 기계가 아니라 사람이 톱니바퀴처럼 만들어내는 거대한 수공업을 목격하고 있었다.

150불짜리 1등석에 앉은 관객들은 탄성을 토해내기 바빴다. 나도 그 무리 중 한 명이었다. 〈아리랑〉에는 주인공이 따로 없었다. 가장 주목받은 건 80분간 운동장을 수놓은 10만 명의 무용과 체조가 아니라 배경대라 불리는 그 색종이들이었다. 일사분란하게 움직이기까지 얼마나 많은 연습과 고통이 따랐을까. 감탄은 이내 연민으로 바뀌었다.

〈반갑습니다〉를 배경음악으로 한 무용, 레이저 쇼, 해돋이를 닮은 부채춤이 끝나고 8시에 〈아리랑〉이 시작되었다. 김일성의 항일투쟁을 담은 1장 '아리랑 민족'으로 열린 공연은 2장 '선군 아리랑', 3장 '행복의 아리랑', 4장 '통일 아리랑'을 지나 종장 '강성부흥 아리랑'으로 닫혔다. 종장에서 북한 주민들은 모두 기립해 김일성 찬양가를 불렀다.

이틀간 함께 다닌 일행은 102명. 절반 정도는 북한이

고향인 60~80대였다. "평양 땅 열렸다는데 한번 가보자"고 나선 30대, 50대도 있었다. 내 실패한 염탐의 결과물은 며칠 뒤 신문 사회면에 실렸다. 누가 〈아리랑〉을 본 감상을 물으면 난 "두 가지를 똑똑히 보았다"고 답하곤 한다. 북한 체제의 집단적 통일성과 김일성을 향한 종교에 가까운 숭배. 그리고 한 마디 덧붙인다. "지구 어디에서도 볼 수 없는 공연이지."

탈북 화가 선무(線無)를 알게 된 것은 2015년 영화를 담당하고 있을 때다. 방북 잠입 취재 후 10년이 지난 시점이다. 북중 국경을 넘어 남한으로 온 '선무'는 얼굴을 노출하지 않는 화가였다. 그해 가을 경기 고양시·파주시 일대에서 열린 DMZ국제다큐영화제에 〈나는 선무다〉(감독 아담 쇼베르그)라는 제목으로 그의 인생을 담은 다큐멘터리가 출품되었다. 궁금해서 그 영화를 보았다.

화면에 색동저고리를 입은 두 소녀가 보인다. 그런데 철조망이 앞을 가로막고 있다. 이때 탈북 화가 선무의 음성이 흘러나온다. "딸들이 물어요. 우리 할머니는 어디 있느냐고. 할머니는 '윗동네'에 있는데 갈 수 없는 상황을 얘기하고 싶었던 그림이에요……."

선무는 북한에서 프로파간다(정치 선전) 예술가로 살다가 1998년 탈북했다. 병상에 누워 있는 김정일에게 어린이가 콜라를 주는 그림 〈약 드세요〉는 미국 주간지 『타임』 표지에도 실렸다. 이 얼굴 없는 화가는 남북한 두 나라에서 살아본 사람이었고, 죽음을 무릅쓰고 국경을 넘은 탈북자였으며, 북한에서 배운 미술로 남한과 세계에서 돈을 벌고 있었다. '분단이 남긴 퇴적층'이라 해야 하나. 그의 삶은 여러 겹의 무늬를 보여줄 것 같았다. DMZ 국제다큐영화제 사무국에 연락처를 수소문했다.

눈 감으면 북한,
눈 뜨면 남한

1998년 10월 두만강 앞에서 한참을 망설였다. 건너야 하나 말아야 하나. 그는 담배밭에 숨어 밤이 오길 기다렸다.

"풀벌레 울음소리가 크게 들렸어요. 얼마나 지났을까. 불안과 공포 속에 강으로 걸어 들어갔습니다. 북한 쪽 수심은 얕아요. 중국으로 가까이 갈수록 툭 떨어졌습니다. 거기서부터는 헤엄을 쳤어요."

'얼굴 없는 화가' 선무는 20년 전으로 돌아간 표정이었다. 등유 난로에 올려놓은 주전자가 김을 내뿜고 있었다. "북한에서 살 땐 심장도 내 것이 아니었다"며 그가 말을 이었다. "가슴팍에 김일성·김정일 초상휘장을 달고 다녔지요. 탈북하곤 떼어 버렸어요. 이제 심장은 저를 위해서만 뜁니다."

그는 국내외에서 작품 값이 가장 비싼 탈북 화가다. 얼굴도 본명도 숨긴 채 살고 있다. "북에 남은 부모형제가 위험해지기 때문"이라고 했다. '선무'라는 가명은 '경계도 국경도 없다'는 뜻이다.

2017년 말 행주산성 근처 작업실엔 '김일성' '김정일' '김정은'이 즐비했다. 최고 존엄은 그의 붓끝에서 우스꽝스러워진다. 백설공주, 신데렐라, 미키마우스, 팅커벨 같은 디즈니 만화 캐릭터들이 붉은 망토 입은 김정은을 포위한 그림을 그려놓곤 '벗고 놀자'란 제목을 붙이는 식이다. 북에서 배운 프로파간다 미술로 그곳 지배자를 조롱한다. 선무는 "이제는 김일성·김정일이 하라는 대로 그리지 않고 나를 위한 프로파간다를 한다"고 했다. '같은 스타일로 생각만 다르게' 하는 셈이다.

작업실에 들어서자 북한 삐라(대남전단) 같은 포스터가 보였다. 남한 소주 참이슬과 북한 대동강맥주를 나란히 그려놓곤 붉은 바탕에 흰 글씨로 '폭탄주를 마시자'라고 적었다. "저게 '통일 폭탄주'인데 맛이 아주 좋습니다"라며 그가 커피를 건넸다.

북한에서도 커피 드셨나요.
커피라는 말도 몰랐죠. 맛은 지금도 몰라요(웃음).

왜 탈북했는지요.
고향이 황해도인데 중국에 친척이 있었어요. 너무 배가 고파 돈이나 물건을 건네 받으러 올라갔지요(1994~1998년 북한은 기근이 극심했다). 여행증명서는 함북 청진까지만 받고 숨어서 두만강 변까지 갔고, 돈 받고 재워주는 민가에서 전화를 걸었어요. 그런데 중국 친척이 '국경 감시가 강화되어 지금은 위험하니 돌아가라'는 거예요. 주머니에 돈도 없고 집에 가다간 개죽음 당할 것 같았습니다.

그래서요?
여기까지 온 김에 강을 건너보자, 무작정 떠난 겁니다. 안전한 경로를 일러줄 브로커도 제겐 없었어요.

북한이 싫어 도망친 건 아니군요.
과거의 저는 김일성·김정일을 위해 죽을 각오가 되어 있던 놈이에요. 그게 전부였으니까. 중국에 가서 큰 충격을 받았어요. 내가 믿었던 게 다 허상이고 가짜라니. 이젠 제가 북한에 살았다는 사실이 신기해요. 사회를 저런 식으로 끌고 간다는 게 기가 막히죠.

중국에선 어떻게 살았나요.
나무껍질도 벗기고 담배 수매하는 곳에서 잡일도 했어요. 잠깐이지만 건달로도 살았고요. 조선족들은 '야, 너네는 배곯잖아. 강택민(장쩌민)이 봐. 우리는 그래도 배불러' 하면서 탈북자들을 업신여겼습니다. 처음엔 '이 자식들이 제정신인가'

했어요. 북한에서 나와보니 김일성·김정일은 욕만 먹고 잘한 게 하나도 없는 거예요.

길바닥에 걷어차이는 자갈처럼요?
딱 그런 꼴이었죠. 중국에서 남한 사람은 우러러보는데 북한 사람은 숨어 다녀야 했어요. 남한에서 온 사업가들 주머니 털 생각을 하는 놈들도 많았습니다. 혼란스러웠어요.

한국엔 어떻게 들어왔나요.
중국은 싫고 불법체류자 신세라 남한 국적을 가져야겠다고 생각했어요. 라오스와 태국을 거쳐 2001년 말에 들어왔습니다. 라오스에선 감옥에 갇힌 적도 있는데 'I am from South Korea'라고 했더니 남한 대사관에 연락한 거예요. 태국에 머물 때 선교사가 '남한 사회는 혈연·지연·학연이 있어 비집고 들어가기 힘들다'고 하더군요. 저는 학연을 붙잡기로 했습니다.

홍익대 회화과 03학번으로 입학했다. 탈북자의 학비는 정부와 대학이 반반씩 댔다. 그는 "대학원은 대출 받아 다녔는데 졸업한 뒤 작품이 잘 팔려 금방 다 갚았다"고 했다.

북에서도 화가가 꿈이었나요?
해마다 12월 31일이면 전국에서 예술적으로 재능 있는 아이들을 뽑아다 공연을 합니다. 김일성이 걔들을 격려하는 모습을 어려서부터 TV로 봤습니다. 나도 미술로 지도자를 기쁘게 해드리고 싶었지요. 군복무 할 땐 우리 대대(大隊)의 역사와 김일성이 지도한 내용을 그림으로 그렸어요.

한국땅 밟을 때 첫인상은 어땠나요?
인천공항에 도착했는데 중국이나 태국과는 달랐습니다. 되게 깨끗한 게 먼저 눈에 들어왔어요. '국정원 가면 두들겨 패면서 조사한다'고 들었는데 그렇진 않더라고요.

처음 정착한 곳은요.
(충남) 공주요. 1지망은 다들 서울입니다. 저도 그랬는데 광주비엔날레를 들어봐서 2지망을 광주로 쓴다는 게 그만 공주를 적었어요.

홍익대에서 만난 청년들은 어떻던가요.
신입생 환영회부터 충격의 연속이었죠. 배알대로 장기자랑을 하라는데 저는 막막해서 맥주병을 깼습니다(웃음). 수강신청도 낯설었어요. 북한과 달리 선택해야 해 괴로웠고 책임이 뒤따라 두려웠죠. 동기들이 띠동갑인데 '형, 우리 한잔해요'나 '나중에 밥 한번 먹어요'가 가벼운 인사로 지나가는 말이더라고요. 저는 그걸 진짜로 받아들여서 기다리다가 오해도 생겼죠(웃음). 처음엔 김정일을 그렸습니다. 붓이 떨렸어요. 이놈을 그려야 하는데, 그게 내 전부였는데, 자꾸만 뒤를 돌아봤어요.

왜죠?
북한에선 함부로 김일성·김정일을 그릴 수 없으니까. 이래
도 되나 싶고 무서웠습니다.

탈북 20년이니 적응은 끝났겠지요.
아직도 이 사회에 적응하는 과정입니다. 북에서 받은 세뇌를
쉽게 떨칠 순 없어요. 탈북자 대부분이 그럴 겁니다. 북한에
도 '자유'라는 말은 있지만 정권이 그어놓은 선 안에서의 자
유일 뿐이죠. 탈북 초기엔 '눈 감으면 북한, 눈 뜨면 남한'이
었습니다.

무슨 뜻인가요?
남한에 들어와 5년 동안은 매일 북한에 가 있는 꿈을 꿨어요.
밤마다 김일성·김정일에게 쫓겨요. 눈 뜨면 한숨이 나오죠.
요즘에는 1년에 한 번 정도로 줄었습니다. 육체적인 탈북보
다 심리적인 탈북이 훨씬 오래 걸렸어요.

2015년 DMZ국제다큐영화제 개막작 〈나는 선무다〉는 그를 다룬 영
화다. 명절에 색동저고리를 입은 두 소녀가 보인다. 그런데 철조망
이 앞을 가로막고 있다. 이 그림 제목은 〈할머니〉. 선무의 목소리가
흘러 나온다. "딸들이 물어요. 우리 할머니는 어디 있냐고. '윗동네'
에 있는데 갈 수 없는 상황을 얘기하고 싶었어요."

이곳에선 가족이 어떻게 되나요.

중국에서 조선족 여인을 만났고 한국에 들어온 뒤 결혼했어요. 여덟 살, 열한 살 난 딸이 둘 있습니다.

북에 남은 부모형제와는 연락이 끊겼나요?

중국 친척 통해 3년에 한 번쯤 송금도 하고 소식도 들었는데 2014년부턴 단절되었어요. 중국 베이징에서 개인전 열었다가 저와 가족, 친구가 위험에 빠진 직후부터입니다. 〈나는 선무다〉엔 그 사건도 담겨 있어요. 전시는 개판 났죠. 개막하는 날 그림 다 압수당하고 끝났어요. 탈북했을 때 공포가 되살아났습니다.

전시에 무슨 문제가 있었나요?

유머러스하게 북한 정권을 풍자하고 싶었지요. 관람객은 바닥에 깔린 '김일성' '김정일' '김정은' 이름을 밟아야 입장할 수 있었어요. 중국에 사는 북한 애들이 들어올 용기가 있을까 궁금했습니다. 그런데 북한 대사관 애들이 정문에 죽치고 앉아 입장을 막았어요. 남한 대사관 사람은 코빼기도 안 보였고요. 탈북했지만 저는 엄연히 대한민국 국민입니다. 이 나라 외교가 당당하지 못하고 형편없구나 알게 되었죠. 신체적인 위협도 느꼈습니다. 가족이 중국에 다 같이 갔는데 잘못하면 북한으로 끌려가겠구나, 겁이 나고 등골이 서늘했어요.

압류된 그림들은요?

중국 모처로 옮겨놓았어요. 전부 가져와 1~2년 안에 미국에서 전시를 열 계획입니다.

한국에서 살아도 여전히 이해하기 어려운 게 있는지요.

왜 정부가 자국민을 보호하지 못할까, 하는 거예요. 불법도 아니고 공개적인 전시회에서 그런 꼴을 당했습니다. 어느 중국인이 다큐멘터리를 보고 '미안하다' 해서 제가 그랬어요. '당신이 미안할 건 없고 시진핑이 나한테 사과해야 한다'고.

1년에 몇 점이나 그리고 얼마에 팔리는지요.

보통 30~50점 만듭니다. 100만 원짜리도 있고 3,000만 원도 받아요. 80%는 해외, 그러니까 교포분들이 삽니다. 전업작가가 된 직후엔 '김정일'을 많이들 사서 놀랐어요. 집에다 걸어놓을 만한 그림은 아니잖아요(웃음).

병상에 누워 있는 김정일에게 소녀가 콜라를 주는 그림 〈약 드세요〉는 미국 주간지 『타임』에도 실렸습니다.

당시에 북한은 외부의 치료가 필요한데 병이 나으려면 밖으로 문을 열어야 한다고 생각했어요. 콜라와 아디다스를 개방의 상징으로 썼지요.

어떤 탈북 화가는 본명과 얼굴을 다 드러내는데.

글쎄요.
내가 어떤 예술을 하느냐보다는
그림으로 뭘 이야기하느냐가
더 중요한 것 같아요.
분단 때문에
가족을 만날 수 없는 현실,
그게 나예요.

그렇게 놀더라고요. TV에 나와서 흔들거리는 탈북자들 보면 가족 모두 안전이 보장되어 있어서 저러나 싶어요.

가장 걱정하는 건 뭔가요.
(김)정은이를 자극하는 바람에 부모형제가 화를 입지 않을까 조심해요. 가짜 이름 쓰고 얼굴 노출 꺼리고요.

지금 '당신은 누구냐' 묻는다면 어떻게 답하나요.
글쎄요. 내가 어떤 예술을 하느냐보다는 그림으로 뭘 이야기하느냐가 더 중요한 것 같아요. 분단 때문에 가족을 만날 수 없는 현실, 그게 나예요. 북한도 중국처럼 개방이 필요합니다. 너무 거짓말을 많이 해놓아서 문을 열면 다 들통나겠지만요.

선무는 여러 나라 국경을 넘어 한국에 왔다. 그동안 입국한 탈북자는 3만여 명에 이른다. 10명 중 1명은 북중 국경에서 잡혀 감금되거나 처형된다. 그는 "가장 넘기 힘든 선은 이데올로기 같다"며 "세상에 있는 이념들을 다 지우고 싶어 〈걸레질〉이라는 작품도 만들었다"고 했다.

최근 판문점 공동경비구역에서 총격을 받으며 귀순한 북한 병사(오청성) 소식 들으셨지요?
죽다 살았으니 저처럼 운이 억세게 좋은 놈이구나 싶었죠.

김정은은 무슨 꿍꿍이일까요.

뻔하죠. 북한 체제를 계속 유지하려는 겁니다. 김정남을 포함해 자기한테 이롭지 않은 놈은 다 죽이잖아요. 일단 핵을 만들어놓고 대화하려는 속셈입니다. 김정일 때 남북대화도 하고 같이 놀아봤는데 결국 재미를 못 봤잖아요. 시간을 벌면서 믿을 만한 무기를 확보하려는 겁니다.

그림들이 일종의 반어법(反語法), 거꾸로 말하기처럼 보입니다. 예술의 힘은 뭐라고 생각하나요.
그림을 통해 저는 숨어도 숨은 것이 아니고 나서지 않아도 나선 것이 됩니다. 예술이 마음을 움직일 수 있다고 생각해요. 저는 북에서는 실종 상태고 남에서는 가면을 쓰고 살아요. 그림으로 말할 수 있다는 게 큰 위안입니다.

외롭지 않나요?
이곳에도 내 가족이 있습니다. 부모형제 그리울 땐 술을 마셔요. 언젠가 평양에서 전시회를 여는 꿈을 꿉니다. 화폭 안에 내 세계를 짓기도 하고 허물기도 하고. 북한에서처럼 대중에게 당의 의도를 심는 선전이 아니라, 눈치 안 보고 내 생각과 감정을 담을 수 있다는 게 행복해요. 지탱하는 힘이 됩니다.

이 땅에서 이루고 싶은 게 있나요?
뭘 이루고 말고 하겠어요. 계속 작업을 하는 거죠. 가명 안 쓰고 얼굴을 드러내도 되는 날이 빨리 오길 바랍니다.

　몇 해 전 중국 베이징공항에서 촬영한 사진을 그가 보여주었다. 대한항공 기내에서 찍은 북한 고려항공 여객기 풍경이다. "출발 게이트가 나란히 있었어요. 모니터엔 '서울' '평양'이 아래위로 떴죠……." 한숨 소리가 들렸다.
　김정은은 2018년 신년사에서 '핵 단추' 운운하며 미국을 위협하면서도 평창동계올림픽 참여 의사를 밝혔다. 선무는 "김일성 때부터 해오던 수법이라 새롭지 않다"며 "그는 이득을 취하려 할 테고, 남한도 손해 보지 않으려면 외교력이 필요하다"고 말했다. 판문점에서 열린 남북 고위급 회담에 대해서는 "북한 입장에선 미국과 핵 협상을 하기 위한 발판일 것"이라고 했다.
　문자메시지로 새해 소망을 물었다. 짤막한 답신이 왔다. '북녘의 그리움들이 안녕하기를.'

'걷는 방식'은
선택할 수 있다

얼굴 없는 화가 선무의 삶은 존 오리어리의 인생과 닮은 구석이 있다. 오리어리는 전신 화상(火傷)을 이겨낸 생존자다. 세계적인 강연가로 해마다 청중 10만여 명을 만난다. 경험담을 쓴 책 『온 파이어』(On Fire)는 국내에서도 베스트셀러에 올랐다.

1987년 그는 아홉 살 소년이었다. 집에 있는 차고에서 불장난을 하다 쓰러졌다. 전신 화상을 입었고 그중 87%는 3도 화상이었다. 생존 확률은 1%. 병원에서 간신히 의식을 찾은 소년은 겁에 질려 떨리는 목소리로 물었다. "엄마, 나 이제 죽는 거야?" 어머니는 이렇게 답했다. "존, 그렇게 하고 싶으면 그래도 돼."

수술과 손가락 절단, 피부 이식 등 치료와 재활을 거치며 그는 기적적으로 살아남았다. 2017년 미국 세인트루이스에서 만났을 때 악수를 해야 하나 말아야 하나 망설였다. 상대가 손가락이 없기 때문이다. 그가 먼저 손을 내밀었다. 뭉툭한 촉감이 전해졌다. 손가락 세 마디 중에 가장 안쪽 마디만 남아 있었다. 오리어리는 '뭐 대수냐는 듯' 해맑게 웃었다. 왼쪽 얼굴에 화상 흉터가 보였다.

그는 결혼했고 사 남매를 두었다. 사무실에는 독자들이 보내온 감사 편지가 벽 한쪽을 가득 메우고 있었다. 강연 날짜와 장소, 청중 숫자가 적힌 화이트보드도 눈에 들어왔다. 죽음의 문턱에 놓였던 오리어리는 이제 삶에 대해 가르치느라 바빴다. "내가 겪은 화재는 슬프거나 나쁜 일이 아니라 일종의 선물(gift)이었다"고 그는 말했다.

사고 직후 병원에서 깨어났을 때 소년은 "모든 게 잘 풀렸고 곧 따뜻한 집에 갈 수 있다"는 위로를 바랐다. 하지만 어머니는 거짓말을 하지 않았다. "존, 차라리 죽는 게 낫겠니? 네가 선택하는 거야(It's your choice)." 당시에는 야멸차게 들렸다. 오리어리는 성장하면서 그것이 얼마나 용기 있는 응답이었는지 알게 되었다고 했다.

"저는 살고 싶었어요. 3도 화상이 뭔지, 앞으로 어떤 수술과 치료를 받게 될지, 손가락을 절단해야 하는지도 그땐 몰랐지요. 우리 가족이 다 마찬가지였습니다. 내일 당장 어떻게 될지 알 수 없었어요. 그래서 불행인지 다행인지 '오늘'에 집중하게 되었지요. 내 삶은 남이 대신 살아줄 수 없습니다. 내가 소유하는 것이라는 사실을 천천히 깨닫게 되었어요."

소년은 병원에서 다섯 달을 보냈다. 불에 타 오그라들고 굳어진 몸을 펴기까지, 두 발로 일어서기까지 다시 5년이 필요했다. 심리적인 회복까지는 더 긴 시간이 걸렸다. 오리어리는 "지금 당신이 보고 있는 제 피부는 모두 여기에서 왔다"며 머리를 가리켰다. 두피(頭皮). 화재 속에서도 다행히 두피는 괜찮았다. 의사가 면도기로 그의 머리털을 밀고 나서 한 꺼풀씩 벗겨냈다. 두피를 가슴으로 등으로 다리로 팔로 옮겨 붙였다(이식받을 피부는 본인 피부여야 한다). 온몸이 두피로 뒤덮인 사람을 나는 그날 처음 보았다.

"어떤 사람들은 제게 '불쌍한 존'이라고 말합니다. 정작 저는 거울을 보며 뭐라고 하는 줄 아세요? '넌 참 복 받았구나.'"

퇴원해 집으로 돌아온 날 푸짐한 저녁 식탁에서 소년은 다시 울음을 터뜨렸다. 손에는 붕대가 칭칭 감긴 상태였다. 어머니는 단호히 말했다. "네가 포크 집어서 먹어." 글러브를 낀 복싱 선수처럼 사투를 벌였지만 포크는 계속 바닥에 떨어졌다. 누나가 먹여주려 했지만 어머니가 막았다.

"앞으로 어떻게 살아가야 하는지 일러주신 거예요. 그 행동은 '삶의 주인이 되라'는 충고였습니다. 불편한 몸을 핑계 삼아 타인이 도와주길 기다리지 않도록 말이지요. 죽지 않고 사는 것과 진정한 삶은 사뭇 다릅니다. 오늘도 어제처럼, 마지못해 사는 것 같은 사람이 사실 많잖아요."

뜨끔했다. 오리어리는 그런 사람을 드라마 〈워킹 데드〉(Walking Dead)의 좀비에 빗댔다. "늦잠 자고 허겁지겁 출근해 컴퓨터 앞에 몽롱하게 앉았다가 귀가할 뿐이니 산송장에 가깝지요. 저는 그날 포크로 집어 먹기까지 두 시간이 걸렸어요. 음식은 이미 차갑게 식어 있었지요. 끔찍했습니다. 하지만 다음 날은 덜 끔찍해졌어요. 그 다음 날은 또 덜 끔찍해졌고요. 그렇게 변화가 찾아왔습니다."

그는 '누군가 나를 구원해주겠지' 바라며 하루하루를 견디지 않았다. 삶의 시련에 맞서는 쪽으로 궤도를 수정했다. "오늘도 아침에 동트는 것을 눈에 담으며 일기를 썼어요. 가족을 위해 와플을 구웠고, 차를 운전해 사무실까지 왔고, 당신을 만나 악수했습니다. 저는 기저귀도 갈고, 야구공도 던질 수 있고, 피아노도 쳐요. 폭군 같았던 어머니 덕입니다(웃음)."

누구나 살다 보면 이런저런 흉터가 생긴다. "숨기지 않고 꺼내 보여줄 수 있다면 더 이상 흉터가 아니다"며 오리어리는 남·북한에 빗댔다. 6·25전쟁은 한반도에 전신 화상과 같았다고. 똑같이 폐허가 되었지만 지금 남한과 북한의 격차를 보라고. 전쟁이든 화재든 치명상을 입은 다음에 그것을 어떻게 바라보는가가 중요하다고. 그가 말을 이었다. "불행한 과거에 갇혀 끌려 다닌 나라와 미래를 향해 나아간 나라의 차이 아닐까요. 우리가 인생의 길을 늘 선택할 수는 없어요. 하지만 '걷는 방식'은 고를 수 있습니다."

사람들이 흔히 끝이라고 생각할 때 사실은 끝난 게 아니다. 얼굴 없는 탈북 화가나 온몸이 두피로 뒤덮인 강연가는 처지를 비관하지 않았다. 흉터를 자산으로 삼았다. 선무는 북한에서 배운 방식대로 그림을 그려 북한을 풍자한다.

삶은 좀처럼 애초 구상한 플랜A대로 흘러가지 않는다. 뜻밖이고 충격적인 어떤 사건이 일어난다. 계획은 헝클어지고 당장은 막막할 것이다. 하지만 언제나 플랜B, 플랜C가 존재한다. 여러 문 가운데 하나가 닫혔을 뿐이다. '걷는 방식'만 바꾸어도 길이 달라진다.

언론인 알파고의
'카라반'

터키
알파고

이세돌 9단과 바둑 인공지능(AI) 알파고(Al-phaGo)가 2016년 3월에 '세기의 대국'을 벌일 때였다. 유튜브로 생중계된 5번기 중 1국은 193만 7,000여 조회수가 나올 만큼 흥행에 성공했다. 1국의 승자는 알파고. '알파고의 아버지'라 불리는 데미스 허사비스(영국) 구글 딥마인드 최고경영자(CEO)는 'We landed it on the moon(우리가 알파고를 달에 착륙시켰다)!'이라는 트윗을 올리며 환호했다.

3국까지 인간이 기계에 0대 3으로 몰렸다. 처음에는 충격이, 나중엔 무력감이 번졌다. 이세돌은 4국에서 기어코 1승을 따냈다. 분위기가 뒤집혔다. 최종국에 관심이 쏠렸고 신문에 지면을 여럿 펼치려면 일손이 달렸다. 나는 특별취재팀에 차출되었다. 단지 바둑을 둘 줄 안다는 이유로. '유튜브 생중계의 이모저모를 스케치하라'가 그날 나에게 떨어진 미션이었다. 묘사에 집중해야 했다.

모국어 해설도 어렵고 알쏭달쏭인데 영어 해설을 듣고 기사 거리를 뽑아내라니. 버거운 미션이었다. 하지만 기자들끼리만 통하는 우스개가 있다. 아침에 낯선 분야를 맡아도 저녁이면 전문가처럼 기사를 쓸 수 있어야 한다고. 적응력과 '깡'이 중요하다는 뜻이다. 5국 유튜브 생중계는 미국인 마이클 레드먼드 9단이 해설을 맡았다. 일본에서 바둑을 수련한 프로기사다. 나는 불안과 근심을 누른 채 중계 화면을 들여다보며 귀를 쫑긋 세웠다.

레드먼드는 생중계를 시작하면서 "4국은 이세돌 9단이 중앙에서 끼움수(백78)를 던졌을 때 알파고가 왜 충분한 시간을 쓰지 않고 급하게 착점했는지 의문"이라고 말했다. "이세돌의 수읽기가 더 깊었고, AI가 모든 변수를 다 계산하지는 못했다"고 덧붙였다. 철옹성 같던 알파고가 드디어 약점을 노출했다는 뜻이다.

5국에서 백을 쥔 알파고가 우하귀에서 초반에 실수를 했다. 수상전이지만 흑이 한 수 빨랐다. 레드먼드는 볼썽사납게 뭉친 백돌 모양을 '서양식 묘비(western gravestone)'에 빗댔다. 그는 "저 수순은 이세돌 9단이라면 잠을 자면서도 둘 수 있다. 4국을 망친 알파고가 충격에서 회복되지 않은 모습"이라고 실착을 꼬집었다. 알파고가 상변에 침투한 흑돌을 공격하자 "(집이 부족한) 알파고가 화를 내고 있다(AlphaGo is getting upset)"며 농을 던졌다. 몸싸움을 피하지 않는 이세돌을 향해선 "단순한 패션(simple fashion)을 거부하는 기사"라고 표현했다.

바둑은 중앙에 침투한 백돌만 타개하면 이길 것 같은 형세였지만 이세돌 9단이 안전한 길을 택하면서 중반에 이르자 호각세로 바뀌었다. 해설진도 "실력 상승에는 강한 상대와의 경쟁이 꼭 필요하다"며 신중해졌다. "이세돌 9단이 전과 달리 이번 게임은 즐기는 것 같다"고도 했다. 흑이 편한 바둑이라고 이야기하던 레드먼드는 오후 4시가 되자 말을 바꾸며 출구를 찾았다.

"4국에서 보았듯이 알파고는 승리 가능성이 낮다고 판단하면 '엉뚱한 행마(crazy move)'를 하는 경향이 있다. 오늘 알파고는 초반에 실수를 했다. 하지만 그 대목을 빼면 초일류 프로기사처럼 두고 있다."

바둑은 백을 쥔 알파고의 '근소한 우세(slight advantage)'로 바뀐 상태였다. 이세돌 9단은 결국 차이를 좁히지 못했고 결국 돌을 거두었다. 해설진은 "알파고가 실수를 어떻게 만회하는지 보여준 대국이었다. 이세돌 9단도 세계 챔피언다운 솜씨였고 멋진 경기였다"고 총평했다. 트위터에는 "(인간이 기계에 지다니) 플러그를 뽑아버리고 싶었다" "알파고가 아니라 알파갓(AlphaGod)" 같은 감상평이 올라왔다.

모두 2억여 명이 세기의 대국을 시청했다. 관련 기사 3

만 5,000여 건이 쏟아져 나왔다. AI가 인간 바둑 최강자와 겨룬 이 5번기는 2016년 세계 과학계 10대 뉴스 가운데 하나로 선정되었다. 이세돌의 완승 또는 우세로 끝날 것이라는 당초 예상이 완전히 빗나갔다. 허사비스는 이듬해 제13회 '한국 이미지상' 시상식에서 알파고를 대신해 징검다리상을 받았다. 그의 수상소감은 "AI의 발전을 10여 년 앞당겨준 이세돌 9단과 한국에 감사한다. 5번기가 끝나고 '알파고가 완전히 새로운 방식으로 바둑을 바라보게끔 만들어주었다'고 말한 이세돌 9단의 감상도 인상적이었다"였다.

학술지 네이처는 그를 2016년 '올해의 과학자' 10명 중둘째로 꼽았다(첫째는 '중력파'의 존재를 밝힌 가브리엘라 곤살레스). 스스로 학습하는 능력을 가진 알파고는 1년도 안지나 훨씬 더 강해졌다. 온라인에서 '마스터' 같은 ID로 신분을 숨긴 채 한·중·일 프로기사를 상대로 완승을 거두었다. 중국의 커제, 한국의 박정환 등 초일류 기사들도 맥없이 무너졌다. 적수를 찾지 못한 알파고는 홀연히 은퇴했다. 통산 전적은 73승 1패. 유일한 패배의 쓴맛을 보게 한 사람이 이세돌이다.

그날 세기의 대국을 취재할 때까지는 '또 다른 알파고'의 존재를 몰랐다. 2018년 가을에 TV 예능프로그램 〈어서와 한국은 처음이지〉를 시청하다 그를 알게 되었다. 알파고는 터키에서 온 남자였다. 친구들을 데리고 역사투어를 이끌었는데 한국사를 통찰력 있고 맛깔나게 가르치는 모습에 반했다.

'터키 알파고'는 터키 친구들을 덕수궁과 서대문형무소로 안내하면서 이렇게 말했다. "한국은 경제성장과 민주화를 굉장히 빨리 이루었어. 그 배경에는 적화통일에 대한 저항과 두려움, 나라를 빼앗기면 안 된다는 생각이 있었지……." 우리가 이룬 한강의 기적과 민주화 뒤에 전쟁과 식민지 경험이 깊게 뿌리 박혀 있는 줄은 몰랐다. 알파고가 하는 말이 화살처럼 날아와 뻐근하게 박혔다. 한국인에게 한국사를 한 수 지도하는 외국인이라니. MBC로 전화를 걸었다.

한국인의
완벽주의,
웃겨요 정말

　　　　　　알파고를 만나면 바둑을 한 판 두고 싶었
다. 이름이 알파고(Alpago)인 사내는 우리말이 유창했다.
이세돌을 꺾은 알파고(AlphaGo)와는 한 끗 차이다. 바둑
은 둘 줄 모른다고 했다. "기원에 가서 알까기나 하자" 농
을 던졌더니 "오목은 좀 하는데"라며 깔깔깔 웃었다.

　알파고 시나씨는 터키에서 과학고를 졸업했다. 거푸 월
반(越班)해 동급생보다 두 살 어렸단다. 2004년 카이스트
(KAIST)로 유학 오며 인생 항로가 달라졌다. 한국어부터
익혔고 정치외교학으로 전공을 바꿨다. 2018년 초 서울
대에서 석사 학위를 받았다. 한글로 쓴 논문 제목은 '한국
의 5·16 쿠데타와 터키의 5·27 쿠데타 비교'다.

　〈어서 와 한국은 처음이지〉에 출연해 이름값을 한 알파
고를 서울 대학로에서 만났다. 운전면허 기능 시험에 떨
어지고 오는 길이라고 했다. 뜻밖에 표정이 밝았다. 5개
국어에 능한 그는 "한국어와 달리 일본어 능력 시험은 서

너 번씩 재수하며 통과했다"며 "인생에는 실패가 반드시 필요하고, 이런 데서 맛보는 편이 낫다"고 했다.

알파고는 2010년 터키 대통령 방한 때 통역을 맡은 뒤 터키 '지한 통신사'에서 한국 특파원으로 일했다. 지한은 2016년 쿠데타로 강제 해산되었다. 그는 기자이고 책을 쓰며 강연한다. 스탠드업 코미디, 방송도 하는 도전의 아이콘이다.

'직업 수집가' 같은데 정체성 혼란은 없나요.

누가 물으면 기자라고 답해요. 아시아기자협회 소속으로 온라인 잡지를 만듭니다. 해외에 있는 회원 기자들이 보내온 기사를 싣고 잡지 방향도 잡아주고요. 하는 일이 서로 다 연결되어 있어요.

스탠드업 코미디 무대에 오르면 어떤 이야기를 합니까.

한국 사람들 사는 모습 보며 웃기다고 생각한 부분을 포착해 들려줘요. 그들은 왜 호신술에 능한가? 묻고 설명하는 식이지요. 커피 주문하면 빨리 지갑 꺼내 값을 치러야 하잖아요. '선배님, 이건 제가 살게요.' '어허, 어딜 감히!(웃음).' 서로 팔을 잡고 다투다 호신술이 발달한 거라고요.

예를 하나 더 들어주신다면.

한국에서 대학 다닐 때 가장 이해 못 한 게 말뚝박기예요. 무대에 올라 말합니다. '너희 남자들, 왜 그러냐? 습하지 않아?
냄새 안 나?' 하하하.

〈어서 와 한국은 처음이지〉 방송 타고 나서 바빠졌겠군요.
알아보는 분이 늘었어요. 얼마 전엔 어떤 할아버지가 저를
붙잡고 '잠깐만. TV에서 본 사람이네. 이름이 뭐였더라. 알베
르토?' 하셨어요(알베르토는 다른 출연자다). 보통은 친구를 초
대한 호스트가 주목 받곤 하는데 제 경우는 터키 친구들이
더 떴어요(웃음).

**좀 기다려봐요. 한국기원에서 전화 올지 몰라요. 홍보대사 맡아달
라고.**
(반색하며) 그럼 너무 좋죠.

과거로 가봅시다. 터키에 살 땐 어떤 사람이었습니까.
자랑질하면서 허세 부리길 좋아했어요. 한국에서 성격을 고
쳤어요. 여기선 겸손해야 하잖아요. 허세 부렸다가는 왕따
당해요. 제가 또 좀 욱하는 스타일이었어요. 일찍 왔으니 망
정이지, 그런 사람은 한국 사회에 적응하기 힘들잖아요. 참
을 인(忍)을 마음에 새기고 또 새겼지요.

어쩌다 한국까지 왔는지요.
제가 진학한 이스탄불 기술대가 카이스트와 자매결연을 했

어요. 한국 유학을 4年 다녀왔다는 터키 사람들을 만났는데 '안녕하세요' '감사합니다'밖에 모르더라고요. 그건 한국에 대한 모욕 아닌가요? 카이스트는 영어로 강의하지만 저는 오기 전부터 마음먹었어요. 한국어를 제대로 배우기로.

전자학에서 정치외교학으로 전공을 바꿨는데.
한국어가 재미있었어요. 터키어처럼 우랄 알타이어 계통이라 어순도 같았고요. 과학 공부는 부모나 학교가 시켜서 했다면, 한국어 공부는 등 떠밀려 한 게 아니니 더 빠져들었지요. 학과 선택할 때 성적보다 흥미가 더 중요하다는 사실을 그때 깨달았습니다. 대전 한남대 어학당에서 만난 유엔 군인들이 말했지요. 네가 정치를 전공하면 졸업하자마자 찾는 곳이 많을 거라고. 그래서 충남대 정외과로 옮겼어요.

알파고는 낯선 한국어를 익히면서 자신을 더 잘 이해하게 되었다고 말했다. "한국 근현대사 공부가 흥미로웠다"며 "그것이 내 인생을 바꾼 셈"이라고 했다.

뭐가 그리 재미있던가요.
보수가 바라보는 근현대사와 진보 눈에 비친 근현대사가 다르잖아요. 하늘과 땅 차이죠. 서울대 대학원에서 박태균 교수님 강의를 듣기 전까진 그냥 그런가 보다 했어요. 그분이 중립적으로 연구하는 모습을 보니 재미있고 배울 게 많은 겁니다. 그래야 균형감도 생기고요.

예를 들어주신다면.

대통령마다 공과(功過)가 있잖아요. 이승만 전 대통령은 이쪽
에서는 국부라고 칭송하고 저쪽에선 분단의 원흉이라고 욕
합니다. 그럼 얻을 게 하나도 없어요. 저는 대통령이 잘한 일
과 잘못한 일을 구분하면서 공부에 매료되었어요. 박정희 전
대통령에 대해 조갑제 기자와 서중석 교수는 각각 어떻게 썼
는지 찾아 읽고 비교하며 내 생각을 만들어갔습니다. 논문도
그 방향으로 썼지요.

1960년대 한국 5·16 쿠데타와 터키 5·27 쿠데타는 어떤 공통점
이 있던가요.

터지기 전에는 비슷해요. 정권은 무능했고 공산주의의 위협
을 받고 있었습니다. 엘리트 집단이었던 장교들이 들고일어
난 거예요.

차이점은 뭡니까.

군사혁명을 일으킨 뒤엔 판이해요. 터키에서는 2년가량 군
부가 정권을 잡았다가 공화당에 넘겼어요. 권력을 더 오래
가져가자는 군인들이 있었지만, 이양하자는 쪽이 숙청했지
요. 한국은 달랐어요. 정치권에 박정희 장군이 믿고 맡길 만
한 세력이 없었기 때문입니다. 보수는 대체로 이승만·박정
희 전 대통령을 좋아하지요. 4·19혁명이 일어나지 않았다면
박정희는 자유당 정권 무너뜨리고 이승만을 제거했을 거예

저는 하고 싶으면
여건이 갖춰지지 않아도 시작하고 봅니다.
'카라반' 아시나요?
낙타에 짐을 싣고 떼를 지어 가잖아요.
비유하자면 한국은
모든 낙타에 짐을 다 실어야
출발시키는 나라예요.
시행착오를 겪기 싫은 거죠.

요. 역사가 참 웃겨요. 두 대통령이 그런 사이인데 지금 와서는 마치 한편인 것 같고 선후배처럼 오해하고 있으니.

한국에서 14년 살며 진보·보수 정권을 다 경험해보았는데.
한국에선 보수와 진보 사이에 사상적 차이가 희박하다는 게 특징입니다. 이명박 정부가 녹색 에너지를 강조했고, 박근혜 정부 시절 이민자들이 국회에 입성했지요. 노무현 정부는 한·미 FTA와 이라크 파병을 결정했고요. 어느 쪽이 보수이고 진보인지 헷갈릴 정도예요. 그게 장점이기도 해요.

어째서요?
차이가 뚜렷하면 사회 통합이 어려울 테니까요. 한국 사회는 국익 문제에 있어선 굉장히 빨리 하나로 뭉칩니다. 보수와 진보가 가장 크게 갈라지는 건 북한 문제죠. 한국에서 정권은 시계추처럼 진보로 갔다 보수로 갔다 하지만, 양쪽에 고정된 유권자보다는 중립적인 유권자가 더 많습니다. 정치가 진화했다는 한 지표라고 저는 생각해요.

근년 들어 한국이 겪는 정치 변화는 어떤가요.
문재인 대통령이 경제를 제대로 살리지 못하면 다음 대선에서 보수 진영이 자기 혁신을 게을리해도 수월하게 정권을 잡을 것 같아요. 자유민주주의의 기본 룰은 다 달성했다고 생각합니다. 안보를 무시하지 않은 채 북한과 대화하고, 남한 중심으로 통일을 이루고, 동북아에선 고래 싸움에 끼어들지 말아야지요. 강국이 되려면 국민을 빨리 국제화하는 게 중요하고요.

알파고는 대학원에서 만난 한국인과 결혼했다. 당시 9개월 된 아들도 있었다. 알파고는 "햄버거도 안 파는 동남아 시골에도 삼성 광고판과 핸드폰은 들어가 있다"며 "기업과 국민 사이의 격차를 줄여야 한다"고 강조했다.

한국 경제와 국민 의식의 세계화 속도가 서로 맞지 않는 게 문제라고요?
세계에서 대졸 청년 10명을 무작위로 뽑으면 한국인의 지식 수준이 가장 높을 거예요. 그런데 죽어도 한국에서 취직해야 한다는 고정관념에 갇혀 있습니다. 서울대 강의하다 학생들에게 물었어요. 졸업하면 뭐 할 거냐? 석사 갑니다. 석사 끝나면? 박사 갑니다. 박사 끝나면? 교수 자리 알아봐야죠. 한국에 자리 없는데? 그럼 기다려야죠. (탁자를 쿵쿵 치며) 야, 북유럽 가. 동유럽 가. 남미 가. 중앙아시아 가. 더 우대받을 텐데 왜 꼭 여기서 교수를 해야 하니.

왜 그럴까요.
지식은 국제화되었는데 정신이 못 따라가는 거예요. 한국인은 뭐랄까 생활 농도가 너무 진해요. 김치 먹어야 하잖아요. 한국 떠나면 불편해져요. 임진왜란 때 고추가 들어와 맵게

먹은 역사는 길지 않은데 참 흥미로운 일입니다.

전쟁 후 최빈국에서 부유한 나라로 급성장했지만 그때와 다른 의미에서 여전히 고달파요. 부모도, 자녀도 하루 15시간씩 일하고 공부하지요.
자기가 좋아한다면 문제가 안 됩니다. 윗사람과 아랫사람이 소통하지 않고 억지로 일하니 불만이 쌓이지요. 한국은 또 지나치게 학문적인 사회예요.

무슨 뜻인가요?
공부를 학문적 의미로만 보면 재능 있는 사람에게만 필요한 일이 됩니다. 청소년이 게임을 좋아한다면 그 분야를 파고드는 것도 공부예요. 장인어른이 지하철 기관사인데 그림 그리시는 걸 촬영해 유튜브에 올리려 하니 정색하셨어요. '내가 자격이 있나? 화실 선생님들이 보면 망신인데….' 제가 설득했어요. 이건 KBS가 아니고 아무나 올리는 유튜브 방송이라고. 가방끈 짧다는 게 장벽이 되어 도전을 가로막는 겁니다.

장인이 뭐라고 부르나요. 알서방? 한국에 오래 살아도 이해하기 어려운 것이라면.
그냥 알파고라고 하세요. 외국인은 한국에 대해 환상을 가지고 와요. 한국 드라마 보면 세탁소 딸이 대기업 3세랑 결혼하잖아요. 사기예요 사기. 백마 탄 왕자님 만나보자는 꿈을 꾸고 이 나라에 오는 외국 여성이 많아요. 오래 살아도 적응 안 되는 건 완벽주의입니다. 집사람과도 그것 때문에 가끔 다퉈요.

완벽주의라뇨?
저는 하고 싶으면 여건이 갖춰지지 않아도 시작하고 봅니다.
'카라반' 아시나요? 낙타에 짐을 싣고 떼를 지어 가잖아요.
비유하자면 한국은 모든 낙타에 짐을 다 실어야 출발시키는
나라예요. 시행착오를 겪기 싫은 거죠. 말이 되나요? 아기가
엄마 배 속에서 나오자마자 걷기를 바라는 꼴입니다.

　　그는 우리 약점을 정확히 짚었다. 뜨끔했다. 알파고는
몇 년 전 『누구를 기억할 것인가』라는 책을 펴냈다. 여러
나라 화폐 속 인물에 대한 이야기다. 그는 "자유·독립·
민주주의에 기여한 영웅 중심으로 썼는데 한국 화폐에는
적합한 인물이 없었다"며 "보수·진보가 다 기억하고 싶
어하는 독립운동가나 마라토너 손기정이 화폐에 있었다
면 책에 넣었을 것"이라고 말했다.

카라반

대상(隊商)은 사막에서 낙타에 짐을 싣고 떼를 지어 먼 곳으로 다닌다. 특산물을 교역하는 상인의 집단이다. 프랑스어로 '카라반(caravane)'이라 부른다. 파울로 코엘료의 소설 『연금술사』에도 나온다. 캠핑용어 카라반도 어원이 같다. 자동차에 매달아 끌고 다닐 수 있게 만든 이동식 주택 말이다.

낙타는 건조하고 일교차와 모래바람이 심한 기후에 최적화된 동물이다. 몇 주일 동안 물을 마시지 않고도 생존할 만큼 사막기후를 잘 견딘다. 기다란 속눈썹이 직사광선을 가려주고 모래가 들어오지 못하게 코를 닫을 수 있다. 사막에서 살아가는 사람들에게 낙타는 교통수단만이 아니다. 고기와 털을 제공하는 유용한 가축이다.

15세기 대항해 시대가 열리기 전까지 2,000년 동안 중국에서 중앙아시아를 거쳐 지중해 권역을 잇는 동서 교역은 실크로드를 이용한 중개무역이었다. 그 주인공이 카라반이다. 많게는 100마리가 넘는 낙타에 진귀한 물건과 이색 문화를 실어 날랐다. 페르시아어로 '함께 여행하는 사람들의 무리'를 뜻하는 '카르반'에서 유래했다.

카라반은 광활한 유라시아 대륙 중간중간에 거점을 두었고 릴레이로 잇는 방식이었다. 어떤 경로든 고산, 사막, 초원, 황야 등 거친 자연을 몇 달에 걸쳐 지나야 했다. 때로는 도적떼의 습격을 받았다. 위험할수록 상품 값이 뛰었고, 막대한 중개 차익을 남겼다. 산업화 이후 비행기와 트럭 등 교통수단이 발달하면서 대규모 낙타 카라반은 점차 사라졌다.

알파고를 만나고 나서 카라반에 대해 생각해보았다. 그는 "한국 사람들은 성공할 조건이 웬만큼 갖추어지지 않으면 시동조차 걸지 않는다"며 완벽주의를 꼬집었다. 정도 차이는 있겠지만 우리에게는 경쟁에서 뒤처질지 모른다는 공포가 있다. 나라 밖 도전을 꺼리는 이유가 된다.

"한국인의 완벽주의는 어떻게 보면 지나치게 학문을 중시하는 사회의 부작용 아닐까 생각해요. 터키에서는 일단 낙타 한 마리에 짐을 실어 출발시킵니다. 가다가 다른 낙타와 합류하면 되니까요. 그런데 한국은 사전 준비를 너무 철저하게 해요. 그 바람에 웬만한 일은 시작조차 못 하지요."

알파고는 완벽주의자가 아니다. 뭔가 하고 싶어지면 조

건이 갖추어지지 않아도 먼저 시동을 건다. 한국 사람들은 제대로 준비가 안 되면 기다리다가 결국 단념하고 만다. 알파고는 청년들을 향해 "해외에도 일자리와 기회가 많다"고 말한다. "독립운동가들은 도피가 아니라 더 강력하게 싸우러 밖으로 나갔잖아요. 관점을 바꿔야 해요. 강연할 때마다 도전 정신에 대해 이야기합니다."

남이 나보다 나를 더 정확히 파악할 때가 있다. 한국에 사는 외국인이 한국인과 한국 사회가 짐짓 모른 척하던 결함을 아프게 지목한다. 터키 알파고는 그런 존재였다. 한국은 모든 낙타에 짐을 완벽히 실어야 카라반을 출발시키는 나라다. 혹시 시행착오를 겪을까 봐, 얼룩이라도 묻을까 봐, 실패에 대한 두려움 때문에 시도조차 꺼리는 심리가 '한국인의 국제화'를 가로막고 있었다.

그는 이슬람 신자다. 모태신앙이다. 이슬람 신자가 한국에서 살기에 불편한 점은 뭘까. 식품(할랄 푸드)을 구하는 문제가 제일 크다며 알파고가 말을 이었다. "한국에서 제가 먹는 닭고기는 태국산이에요. 한국이나 일본, 남미처럼 역사 속에 이슬람이 없는 지역에서는 살기 어려울 수밖에 없어요. 9·11 테러 이후 나빠진 이미지를 최근에 IS가 더 악화시켰고요. 이슬람 신자로 한국에 살기는 불편하지만 반대로 장점도 있습니다. 내 종교를 객관적으로 바라볼 수 있게 되었지요."

우리가 낯선 나라로 여행 가서 느끼는 감정과 비슷하다. 김영하 산문집 『여행의 이유』에 이런 구절이 있다. "기대와는 다른 현실에 실망하고, 대신 생각지도 않던 어떤 것을 얻고, 그로 인해 인생의 행로가 미묘하게 달라지고, 한참 세월이 지나 오래 전에 겪은 멀미의 기억과 파장을 떠올리고, 그러다 문득 자신이 어떤 사람인지 조금 더 알게 되는 것. 나에게 여행은 언제나 그런 것이었다."

알파고는 '내부의 이방인'이다. 그는 한국에 와서 자신에 대해 더 잘 파악하게 되었다고 말한다. 거꾸로 우리는 그의 눈을 통해 우리의 이상하고 일그러진 모습을 발견한다. 알파고는 "이 나라에서 내 종교를 버리진 않았지만 좀 더 진보적으로 생각이 바뀐 것 같다"며 "터키에 가서 이런 얘기를 하면 '비(非)이슬람과 오래 살다 보니 오염된 것'이라는 시선을 받는다"며 웃었다. 경계를 넘은 사람답게 넓은 시야와 여유, 균형 감각이 있었다.

그가 2019년 말 KBS 〈개그콘서트〉에 데뷔했다. '전주 알씨 37대손'이라며 능청스럽게 한국인들을 웃겼다. 시행착오를 두려워하지 않는 알파고는 그야말로 전투적으로 영역을 넓혀나갔다. 그의 이름은 돌궐어로 '투구'라는 뜻이었다.

당구선수
스롱 피아비와
'설거지'

눈물은
왜 짠가

　　　　20대 초반 한때 당구에 빠졌다. 볼링장이나 탁구장보다 당구장에 더 자주 갔다. 재미는 있었지만 재능은 미천했다. 4구로 150점에서 한계에 부딪히면서 흥미를 잃었다.

요즘은 여간해서는 당구장에 갈 일이 없지만 한창 칠 때는 온종일 쳐도 물리지 않았다. 평평한 당구대에 놓인 빨간 공과 하얀 공 사이에서 '길'을 찾아내고 상상한 대로 결과가 나오면 쾌감을 느꼈다. 가느다란 큐로 내 공을 쳐 나머지 공들을 맞힐 때 나오는 소리는 경쾌했다. "쉬운 길 놓아두고 왜 어려운 길을 찾느냐"는 지청구도 많이 들었다. 기술 못지않게 흔들리지 않는 멘탈이 중요했다.

당구를 바둑과 비교해보자. 바둑에도 행마(行馬)라는 게 있다. 돌이 놓이는 '길'이다. 흑과 백이 착점할 수 있는 자리는 유한하다. 게임이 진행될수록 판은 좁아지고 경우의 수도 줄어든다. 당구는 바둑보다 단순한 것 같지만 꼭 그렇지만은 않다. 힘과 방향, 회전과 두께, 쿠션의 탄력 등에 따라 길과 함께 결과도 달라지기 때문이다. 하나의 길 안에 숱하게 많은 샛길이 숨어 있는 셈이다.

2019년 봄에 스롱 피아비라는 여자 3쿠션 선수가 있다는 제보를 받았다. 캄보디아에서 태어나 스무 살이던 2010년 국제결혼으로 한국에 왔다고 했다. 신랑은 서른 살 가까이 많았다. 피아비는 결혼 이듬해 남편을 따라 간 동네 당구장에서 난생처음 큐를 잡았다. 그곳에서 숨겨진 재능을 발견했다. 몇 년간 아마추어 대회를 휩쓸고 2017년 프로선수가 되었다. 데뷔한 그해에 여자 3쿠션 한국 챔피언, 1년 뒤엔 세계 랭킹 3위에 올랐다. 믿기 어려운 스토리였다.

스롱 피아비는 당구장에서 다시 태어난 여자다. 즉시 당구연맹으로 전화해 연락처를 수소문했다. 그녀는 빌킹 코리아라는 업체로부터 후원을 받으며 활동 중이었다. 프랑스에서 열린 국제대회에 출전했다가 캄보디아를 거쳐 들어올 예정이라고 했다. 아직 한국 국적을 취득하지 못해 세계 대회에는 캄보디아 국기를 달고 나갔다.

피아비는 그 몇 달 전 캄보디아 모교를 방문해 학용품과 구충제 등을 전달한 자리에서 "당구를 치는 내가 멋있고 자랑스럽다"고 말했다. '헬조선' 소리를 듣는 한국에서 코리안 드림을 일군 것이다. 이 흥미로운 당구 선수의 사연이 더 궁금해졌다. 마침 대통령이 캄보디아를 방문해 그녀와 함께 사진을 찍었다는 소식이 들렸다. 한국·캄보디아 비즈니스 포럼에서 동아제약과 후원협약도 맺었다.

며칠 뒤 경기도 수원 빌킹코리아에서 마침내 그녀를 만났다. 당구대가 여럿 놓인 홀에서 3쿠션을 연습하고 있었다. 피아비는 이날 "어릴 적 가난해서 하고 싶은 공부를 못했다. 당구로 돈을 모아 캄보디아에 학교를 짓는 게 꿈"이라고 말했다. 프로선수 생활을 하느라 충북 청주에 사는 남편과 종종 떨어져 사는데 괜찮은지 묻자 "캄보디아 부모를 떠나 국제결혼으로 이 나라까지 왔는데 며칠 못 보는 게 대수냐"며 "남을 위해 살면 성공할 수 있다"고 했다.

어떤 견고한 세계가 느껴졌다. 말은 저렇게 해도 이 낯선 나라에 정착하기까지 두려움과 외로움이 왜 없었을까. 포기하고 싶을 때마다 캄보디아에 있는 가족을 떠올렸다고 그녀는 말했다. 눈물을 땀인 양 훔치며 큐를 잡은 날도 있었을 것이다. 코끝이 시큰해지는 인생이었다.

함민복 시인이 지은 시 「눈물은 왜 짠가」가 겹쳐졌다. 설렁탕집에서 어머니가 "소금을 너무 많이 풀었다"며 더 받은 국물을 아들의 투가리에 부어주는 모습이, 식당 주인이 짐짓 모르는 척 성냥갑만 한 깍두기 한 접시를 놓고 돌아서는 풍경이, 아들이 눈물을 감추려고 얼른 이마에 흐르는 땀을 훔치는 장면이, 슬프면서도 아름다운 가난의 진술이.

노력하면
되는 나라

캄보디아에서 태어난 소녀는 의사가 되고 싶었다. 가난이 꿈을 가로막았다. 7학년(우리 학제로 중1)을 마치고 중퇴해 감자 밭에서 김을 매야 했다.

스무 살이 되자 국제결혼 제안을 받았다. 상대는 스물여덟 살 많은 한국인. 무섭고 싫었다. 일부러 치장도 안 하고 맞선 자리에 나갔다. 그 남자는 신부 후보 3명 중에 하필 그녀에게 끌렸고 2010년 5월 낯선 나라로 이주했다. 이웃들은 그녀를 '캄보디아댁'이라 불렀다.

스롱 피아비는 당구장에서 다시 태어난 여자다. 결혼 이듬해 남편을 따라가 난생 처음 큐를 잡았는데 재능이 폭발했다. 가로 1,422㎜, 세로 2,844㎜ 당구대는 새로운 세상으로 그녀를 데려갔다.

여자당구 3쿠션 아마추어 대회를 휩쓸고 2017년 프로가 되었다. 데뷔 10개월 만에 국내 1위. 남녀 통틀어 최단 기록이다. 현재 아시아 챔피언이자 세계 랭킹 3위에 올라 있다. 캄보디아에선 국민이 우러러보는 스포츠 영웅이다.

"한국은 뭐든지 목표를 세우고 노력하면 다 할 수 있는 나라예요. 캄보디아에서는 꿈이 있어도 가난해 기회조차 주어지지 않았어요. 제 인생은 한국에서 당구로 완전히 바뀌었습니다."

일자리가 불안정하고 연애·결혼·출산도 포기하거나 미루는 마당에 꿈은 사치라고 청년들은 말한다. 한국은 아무리 노오오오력을 해도 희망이 없는 '헬조선'으로 불린다. 지난달 20일 경기도 수원에서 만난 피아비는 정반대 이야기를 들려주었다.

캄보디아 수도 프놈펜에서 차로 6시간 들어가는 시골 캄퐁참에서 나고 자랐다. 살림이 궁하고 딸만 셋인 집안의 장녀였다. 충북 청주에서 작은 인쇄소를 운영 중인 남편 김만식 씨는 "처음 보았을 때 손톱에 밴 풀물이 마음에 들었다"고 했다. 근면하고 꾸밈없는 여자로 본 것이다. 피아비를 만나자마자 손톱에 눈길이 갔다.

이제 풀물은 없고 연분홍 매니큐어를 칠했네요.
한국에선 감자 캘 일 없잖아요. 캄보디아에서는 부모님 돕느라 아무리 씻어도 풀물이 빠지질 않았어요. 이건 제가 혼자 칠한 거예요.

남편은 아버지뻘이고 낯선 나라에서 살아야 하는데 두렵지 않았나요.

처음엔 납득하기 어려웠어요. 저도 사랑하는 사람과 결혼하고 싶었으니까요. 망설이다가 가족을 위해 포기하고 (국제결혼을) 받아들였어요.

남편 첫인상은.

그때는 지금처럼 늙진 않았어요(웃음). 한국 드라마에 나오는 남자들은 피부가 하얗고 잘 생겼는데 남편은 평범했지요. 눈이 착해 보여 마음이 놓였습니다.

부부로 살아보면 또 달라질 텐데요.

처음에는 많이 힘들고 외로웠어요. 말도 잘 안 통하고 속상한 일 있어도 풀 수가 없으니까. (인쇄소에 딸린) 집이 너무 작아서 놀랐어요. 영상 통화로 누가 '집을 보여달'고 하는데 부끄러워서 안 보여주었어요. 하지만 제 인생을 바꿨으니 작지만 감사한 집입니다. 한국에서 인터넷으로 이것저것 보고 나서야 캄보디아가 너무 가난하다는 걸 알았어요. 제가 그 나라에 살 땐 다 비슷하니까 그런 줄 몰랐던 거예요.

우리말은 얼마나 배우고 왔습니까.

'가갸거겨' '아야어여'만 배웠어요. 어순이 달라요. 한국어는 '집에 가요', 캄보디아 말은 '가요 집에'입니다. 운전면허도 따고 들어왔지요.

당구는 어떻게 접했나요.

2011년 여름에 남편 따라 당구장에 갔다가 '당신도 한 번 쳐봐' 해서 큐를 잡은 게 시작이에요. 엎드려 자세 잡는 순간 제가 멋있다는 느낌이 들었어요! 남편이 가르쳐주는 대로 척척 되는 거예요. 당구장 아저씨들, 삼촌들이 몰려와서 신기하게 쳐다봤어요. 스스로 멋있다고 생각한 건 그날이 처음입니다.

저도 당구 깨나 쳤는데 점수가 안 올라갑니다. '당구가 짜다'는 말 아시는지요.

알아요. 그게 사기죠. 게임비 안 내려고(웃음).

언제 남편을 뛰어넘었나요.

당구가 재미있었고 실력이 날마다 늘어 2013년부터 남편을 이겼어요(일반 동호인이 즐기는 4구로 피아비는 2,000점, 남편은 200점을 친다). 살림은 자기가 할 테니 당구에 전념하라고 남편이 응원했습니다.

당구에 빠질 때 잠자리에 누우면 천장에 당구대가 어른거린다. 피아비는 당구 때문에 부부싸움을 종종 한다고 했다. 남편은 '왜 가르쳐준 길대로 안 치냐'고 화를 내고, 아내는 속으로 '그럼 아저씨가 쳐보든가' 하는 식이다.

남편이 당구 코치 역할을 혹독하게 했군요.

제가 못하는 건 제가 알아요. 그런데 더 발전하기 위해 이해하고 부드럽게 다독여주면 좋을 텐데. 마음이 아파요. 어떨 때 좋은 지적만 듣고 나머지는 흘려 들어요. 2017년에 프로가 되고 나서는 참견이 없어졌어요.

캄보디아에서 원래 운동을 잘 했나요.
좋아하는데 기회가 없었어요. 달리기를 하면 1등을 해야 선물을 받아요. 하도 넘어져서 무릎이 많이 까졌어요. 야채 써는 칼질도 자신 있고요.

당구장에서 자장면 먹어봤습니까.
많지요. 자장면도 그렇지만 삼촌들이 밥을 해서 같이 먹어요. 제가 상대에게 최선을 다하니 많이들 예쁘게 봐주시는 것 같습니다.

지금 국적은 어떻게 되는지요.
아직 캄보디아예요. 아기도 없고 시험도 어려워 치르질 못했어요. 호적 신고는 한 상태라 당구연맹이 국내 대회에 출전할 수 있게 배려해주었어요. 캄보디아에는 당구연맹이 없어 국제대회에 나가기 어려웠는데 SNS로 제 소식을 접한 훈센 총리 아들이 연맹을 만들어주었습니다. 지난해 터키세계선수권에는 캄보디아 대표로 나갔지요.

2017년 국내 프로 1위가 되었을 때 기분은.

뭘 잘할 수 있는지 찾은 거예요.
방황하지 말고 포기하지 말고.
무섭지만 남들이
안 가는 곳으로 갔어요.
국제결혼도,
당구도 그래요.
남을 위해 살면 성공할 수 있어요.

꿈도 못 꾼 일이지요. 국제결혼으로 한국에 온 저와 시상대 꼭대기에 오른 저는 전혀 다른 사람 같아요. 지금도 둥둥 떠 있는 기분이에요.

'당구천재'인데 당구가 싫어진 적도 있나요.
대회 나가려고 독하게 연습하다가요. 오전 11시부터 다음 날 아침까지 당구를 칠 때는 다 포기하고 싶어 혼자 울었습니다.

어떻게 마음을 돌렸나요.
남편이 박지성·김연아 같은 스포츠 스타 이야기를 들려주고 사진도 보여주었어요. 저렇게 상처투성이에 힘들었는데 결국 이겨내 영웅이 되지 않았느냐고. 어느 날 '불쌍한 캄보디아 사람들 돕고 싶으면 당구로 성공해야 한다'는 목표를 주었어요.

남편이 현명한 분이네요.
부처님이 주신 선물입니다. 늘 고맙고 미안해요. 잔소리만 안 하면 좋겠어요. 하하하. 캄보디아를 위해 봉사할 수 있는 건 당구밖에 없었어요. 힘들었지만 열심히 쳤더니 좋은 일이 계속 생겼습니다. 상금은 한 푼도 안 쓰고 다 모아요. '상금 통장'이 있습니다.

어떤 꿈을 위한 저축입니까.

캄보디아에 학교를 세우려고요. 저처럼 가난해 공부할 기회를 빼앗긴 아이들에게 제 행복을 나눠주고 싶어요. 부지(약 3,000평)는 사놓았습니다. 최근에 1,000만 원어치 구충제와 학용품도 전달했고요. 힘겨울 땐 가족을 떠올리며 '사람들이 나를 필요로 한다'고 생각합니다.

3쿠션은 포켓볼이나 4구와는 다른 분야다. 내가 친 공이 나머지 두 공을 맞히기 전에 당구대 쿠션에 3회 이상 닿아야 득점한다. 피아비는 3쿠션 전문 선수로 30점을 친다. 하이런 최고 기록은 14점이라고 했다.

큐를 잡으면 잡념이 없어지나요.
달라져요. 우리 안에는 좋은 마음과 나쁜 마음이 있잖아요. 유혹을 뿌리치고 자신을 이기는 게 힘들죠. 상대방이 잘 치면 마음이 두근거려요. 엉망진창이 되죠. '괜찮다 괜찮다, 할 수 있다'고 최면을 걸어요. 제 안에서 '설거지'를 엄청 하는 거예요.

상대 선수가 치는 걸 안 보면 되잖아요.
무시하는 거니까 매너가 아니죠. 때론 박수를 치면서 평정심을 찾으려고 애씁니다.

지루할 땐 어떻게 머리를 식힙니까.
춤을 춰요. 한국 아이돌의 노래와 춤을 따라 해보곤 해요.

얼마 전 캄보디아에서 열린 한국·캄보디아 경제포럼에 다녀왔지요.

베트남에 있는 박항서 감독이 유명해지면서 캄보디아에도 '박카스' 인기가 장난이 아녜요. 한국무역협회에서 한국·캄보디아의 연결고리를 찾다가 제게 연락했어요. 두 나라에 꼭 필요한 사람이 되고 싶습니다.

한국에 시집와 코리안 드림을 이뤘는데.

뭘 잘할 수 있는지 찾은 거예요. 방황하지 말고 포기하지 말고. 무섭지만 남들이 안 가는 곳으로 갔어요. 국제결혼도, 당구도 그래요. 남을 위해 살면 성공할 수 있어요. 제게 한국은 기회의 땅이에요. '헬조선'이 아녜요.

학교 세우기 말고 다른 목표라면.

작은 꿈을 하나씩 이뤄가는 게 좋아요. 너무 크거나 너무 멀지 않아야 지치질 않고요. 기대에 어긋나지 않게 최선을 다할 거예요.

누가 써준 것처럼 좀 상투적인 답인데.

(정색하며) 그거 아세요? 같은 말도 매일 들어야 머리에서 익어요. '열심히 최선을 다한다'가 특별하지 않게 들리겠지만 인생을 바꿀 수 있는 말입니다. 길에 엎드려 구걸하는 사람을 많이 봤어요. 일을 할 수 있는데 왜 남의 도움만 바라는지

모르겠어요. 친구들에게도 말해요. 뭐든 잘할 수 있는 일을 찾으라고. 그냥 머물러 있는 모습을 보면 안타까워요.

앞으로 펼쳐질 피아비의 삶이 궁금해졌다. 당구는 다음 포지션도 생각해야 한다는 점에서 인생과 닮아 있다. 피아비는 "당구는 꿈을 이루게 해준 친구"라며 "한국에 시집온 여성들이 현실에 부딪혀도 '나'를 포기하지 않기를 바란다"고 했다.

무게가 약 210g인 당구공 3개가 굴러다니는 당구대는 좁다. 하지만 피아비에게는 무한하다. 그곳에서 '길'을 찾았다. 당구대 앞에서 집중할 땐 눈빛이 달라졌다. 그녀는 오늘도 단풍나무 큐를 든 채 다음 3쿠션을 궁리하고 있을 것이다.

인생은
빗나간 공에
대응하기

타이거 우즈가 2019년 4월 마스터스 우승컵을 다시 안았다. 메이저 대회 정상은 11년 만이었다. 불륜과 이혼, 약물 같은 추문으로 얼룩진 지난 10년과 작별했다. 우승을 확정 짓고 활짝 웃는 모습은 흑역사 때문에 더 감동적이었다. 스물두 번째 마스터스 출전이던 우즈는 "내 머릿속 도서관에는 이곳 코스가 다 들어 있다. 오늘은 '그림을 그리며 퍼팅을 하라'는 아버지 말씀만 생각했다"고 말했다.

젊은 시절 그는 인종 차별까지 이겨내며 큰 성공을 거두었다. 아름다운 아내와 더불어 완벽해 보이는 삶을 살았다. 하지만 혼외정사에 중독된 남자였다는 게 들통나며 하루아침에 나락으로 굴렀다. 조롱과 비웃음을 받았다. 우즈의 명성이 무너질 때 내심 고소해한 사람들도 적지 않았다. 골프 천재도 오류를 저지를 만큼 평범하다는 사실에 잠시나마 도덕적 우월감을 느낀 것이다. 하지만 우즈는 포기하지 않았고 챔피언의 자리로 돌아왔다.

그가 화려하게 컴백했을 때 『뉴욕타임스』 칼럼니스트 토머스 프리드먼이 쓴 글을 읽었다. '타이거 우즈와 삶이라는 게임(Tiger Woods and the Game of Life)'이라고 붙인 제목부터 눈길을 붙잡았다. 골프가 취미라는 프리드먼은 "골프란 결국 잘못 튀어나간 공에 어떻게 대응하느냐의 문제"라고 했다. 삶에서 겪게 되는 역경을 빗나간 공에 빗댄 것이다.

우즈의 귀환은 신체적으로도 정신적으로도 특별했다. 수술을 네 번이나 받았고 불륜과 이혼은 세계로 생중계될 정도였다. 인생에서 가장 깊고 험난한 벙커에 빠져 멘탈이 무너질 만도 했다. 우즈의 마스터스 우승은 마치 2020년 대통령 선거에서 빌 클린턴이 돌아와 도널드 트럼프를 이기는 것과 맞먹는 충격적인 뉴스인 셈이다.

프리드먼은 "골프가 삶과 매우 비슷하다"고 썼다. 골프장은 평평하지 않다. 우리도 살면서 이번 모퉁이를 돌면 어떤 오르막 또는 내리막이 나타날지 알지 못한다. 골프공이 잘 튀어나가건 잘못 튀어나가건, 행운과 실수까지 그 게임 안에 포함되어 있다. 인생처럼 말이다. 골프공도 인생도 절대 똑바로만 가지 않는다. 엉뚱한 길로 빠지거나 자기 잘못으로 넘어지더라도 스스로 바로잡고 일어서야 한다. 포기할 수도 없고, 클럽을 집어던질 수도 없으며, 캐디를 탓할 수도 없다.

우즈는 11년 만에 운이 좋아 우승한 게 아니다. 그는 연습하고 또 연습했다. "더 많이 연습할수록 행운이 따라온다"는 말처럼, 우즈의 귀환 뒤에는 그렇게 강인한 집념이 있었을 것이다. 프리드먼은 "골프는 물리학과 기하학, 지리학과 심리학이 결합된 스포츠이고 특히 멘탈이 중요하다"며 덧붙였다. "그가 추문으로 부진에 빠져 있을 때 자신이 일류 얼간이라는 걸 팬들도 알기에 눈을 피할 정도였다(His eye never wanted to meet those of his fans, because he knew that they knew that he knew that they knew that he'd been a first-class jerk)."

우즈는 인생에서 미처 예측하지 못한 가장 길고 험난한 구간을 지나 비로소 '우리가 기억하는 타이거 우즈'로 되돌아온 셈이다. 골프공과 당구공은 둥글지만 사뭇 다르다. 하지만 우즈의 삶과 피아비의 삶은 서로 연결되는 것 같다. 어린 시절에 가난으로 꿈을 단념한 피아비는 내키지 않는 국제결혼까지 했지만 낯선 장소에서 뜻밖의 잠재력을 발견했다.

그녀의 성공 스토리는 인생에 던져진 문제를 끈질기게 풀어간 여정이었다. 원망과 비관으로 하루하루를 보내지 않았다. 험난한 벙커나 엉뚱한 길로 빠진 듯했지만 희망을 잃지 않았다. 단념하지 않았기에 기회를 잡았다. 피아비는 챔피언이 되고서도 자만하지 않는다. 마음을 닦는 '설거지'로 잡념과 유혹을 물리친다. 그녀는 오늘도 당구대 앞에서 다음 포지션에 몰두하고 있을 것이다. '사람들이 나를 필요로 한다' 생각하며 이를 악물 것이다.

시각장애인
최정일·조현영 부부의
'마음'

주기율표

"수헬리베 붕탄질/ 산불네, 나마알/ 규인황 염 아르곤/ 칼륨칼슘……."

음(音)이라도 붙이면 한결 수월했다. 주기율표를 외우려고 다들 이렇게 노래하곤 했다. 학창 시절에 주기율표를 처음 접했을 땐 '화학이라는 과목이 사람 잡는구나'라는 불도장을 진하게 남겼다.

드미트리 멘델레예프가 만든 원소 주기율표를 다시 보니 컴퓨터 자판을 닮았다. 지금까지 알려진 원소는 118종. 주기율표는 물질의 성질을 알려주는 보물지도다. 150년 전에 그 패턴과 질서를 찾아낸 멘델레예프에게 감사할 일이다. 처음 배울 때는 이해하기보다 달달달 암기하기 바빴지만 아득히 떠오른다. 주기율표의 노래를 웅얼거려본다. 주입식 교육은 과연 힘이 세구나.

의사이자 작가 올리버 색스(1933~2015)가 'The Joy of Old Age(노년의 기쁨)'이라는 글을 미국 『뉴욕타임스』에 기고한 적이 있다. 여든 살이 되던 해였다. 나이와 주기율표에 대해 이토록 아름다운 에세이를 쓸 수 있다니. 경이로웠다.

"간밤에 수은(Hg)에 대한 꿈을 꾸었지. 거대하고 반들거리는 수은 덩어리들이 오르락내리락했다. 수은은 원자번호 80. 해몽하자면 이번 화요일에 내가 여든 살이 된다는 암시였네. 원소들과 생일들은 내가 원자번호를 배운 어린 시절부터 밀접하게 얽혀 있었지. 열한 살에 '난 나트륨(Na)이야' 했고, 아직 일흔아홉 살인 지금은 금(Au)이라네."

주기율표도 이렇게 서정적일 수 있다. 이 에세이를 읽는 순간 차가운 원소에 따스한 피가 도는 것 같았다. 색스는 몇 년 전에 여든 살이 된 친구에게 특수 제작된 병에 담은 수은을 선물한 일화도 들려주었다. 농담 섞인 답장이 돌아왔다. "건강을 위해 매일 조금씩 (상온에서 액체인 수은을) 마시고 있어."

색스가 여섯 살 때 2차 세계대전이 발발했다고 한다. 죽음이 도처에 널려 있었다. 그는 상실에 대처하는 법을 어려서부터 익혔다. 참혹한 현실에서 시선을 거두어 비인간적인 쪽으로 돌리는 기술이었다. 주기율표와 원소들이 친구가 되어주었다. 색스는 살면서 스트레스를 겪을 때마다 그렇게 과학으로 '귀향'했다. 생명이 없지만 죽음도 없는 세계로. 절대 변하지 않는 질서 속으로.

색스를 흉내내자면 지금 내 나이는 팔라듐(Pd). 백금족에 속하는 팔라듐은 거의 모든 금속들과 합금을 잘 만든다고 한다. 자기 부피의 900배나 되는 수소 기체를 흡수할 수 있다. 영화 〈어벤져스〉에서 아이언맨(로버트 다우니 주니어)의 상징인 희고 동그란 심장을 기억하시는지. 그 핵심 재료가 바로 팔라듐이다.

사람과 금속은 소 닭 보듯 하는 사이가 아니다. 피에서는 금속 맛이 난다. 까닭은 18세기 중반에 밝혀졌다. 혈액에 철(Fe)이 들어 있어 피를 증발시키고 남은 덩어리가 자석에 붙었다. 철은 과거에 금(Au)이 그러했듯이, 또 미래에 실리콘(규소·Si)이 그 지위에 오르는 것처럼, 한동안 문명을 지탱하는 힘의 상징이었다.

세상의 모든 물질은 다양한 원소로 이루어져 있다. 우리는 사실 죽은 별들의 유물이다. 피에 든 철, 뼛속의 칼슘, 허파를 채우는 산소는 별들이 늙어 소멸할 때 우주 공간으로 흩어진 것이다. 우주를 탄생시킨 150억 년 전 사건들이 몸을 구성하는 아주 작은 원소들을 통해 우리와 연결되어 있는 셈이다. 사람도 죽으면 결국 흙으로, 우주로 돌아간다.

생각은 이렇게 거시적이지만 마음은 변덕스럽고 종종 좁쌀이 된다. 확고부동한 주기율표와는 딴판이라 모래성처럼 부서지기 쉽다. 미끈하게 형태를 만들어놓아도 파도나 바람이 쓸어가면 가뭇없이 사라진다. 내 마음이 당장 5분 뒤에 어떻게 변할지 갈피를 잡기 어렵다. 또 남의 마음을 얻는 것만큼 힘든 일도 없다.

마음은 보이지 않는다. 그 마음을 전하지 못해 가슴이 재가 되는 것 같은 시간을 보낸 경험이 한두 번쯤은 있을 것이다. 그런데 그 방면으로 통달한 전문가를 만났다. 마음 건네는 법을 대중에게 강의할 정도였다. 놀랍게도 그는 시각장애인이었다.

고마워
나에게
와주어서

　　　　　2018년 봄꽃이 필 무렵이다. 어느 통신사 '우리 집 AI(인공지능) 광고'가 유튜브에 올라온 지 9일 만에 조회 수 1,000만 건을 돌파했다. 영상을 끝까지 본 시청자가 여느 유튜브 광고보다 3배 이상 많았다.

　제목은 '고마워, 나에게 와줘서'. 점자(點字)를 읽듯이 손끝으로 아기를 돌보는 엄마 조현영(38·시각장애 1급) 씨 일상이 1분 53초 영상에 담겼다. AI 스피커가 약 먹일 시간과 미세 먼지 농도를 알려주고 자장가도 들려준다. 그 덕에 시각장애인도 육아가 한결 수월해졌다는 내용이다.

　한 달쯤 지나 CBS〈세상을 바꾸는 시간 15분(세바시)〉에서 최정일(39·시각장애 3급) 씨 강연을 접했다. 현영 씨의 남편이었다. 그는 선천성 백내장으로 어릴 때 수술 시기를 놓쳤다는데 잔존 시력이 조금 있다. 이날 강연 제목은 '보이지 않는 마음을 건네는 법'. SNS 시대라서 더 끌리는 주제였다.

그의 이야기를 듣고 감동받았다는 사람이 주변에 많았다. 마음을 전하기는 비장애인들도 서툴기 때문일 것이다. 독심술을 익히지 않았다면 상대의 속마음을 읽기 어렵다. 장애가 있고 없고와는 무관한 일일 것이다.

국내 시각장애인은 25만 3,000명(2017년 보건복지부 통계)으로 전체 장애인의 10%쯤 된다. 그 봄에 최정일·조현영 부부를 만나고 싶은 마음이 굴뚝 같았지만 가을까지 참기로 했다. 기사에도 타이밍이 중요하다. '흰 지팡이의 날'(10월 15일)을 앞두고 만나면 더 큼지막하게 쓸 수 있을 것 같았다. 무더운 여름을 보내고 약속을 잡았다. 한글날에 서울 상도동 빌라 4층에서 초인종을 눌렀다. 딩동!

현관문이 열리자 정일 씨가 보였다. 15개월 된 아들 유성이를 안고 있었다. 그는 "간밤에 열이 나 유성이 컨디션이 안 좋다"며 미안해했다. 몸은 나를 향해 있었지만 두 눈의 초점을 맞추지는 못했다. 거실로 들어서자 현영 씨도 더듬더듬 다가와 옆에 앉았다. 세탁기에는 점자 스티커가 붙어 있었다.

유성이(3.6㎏)는 앞이 보이지 않는 두 세계가 만나 낳은 아이다. '우리처럼 보지 못하면 어쩌나' 하는 근심부터 안겼지만 다행히 시각장애 없이 건강하다. 부부는 맞벌이를 한다. 정일 씨는 11번가 헬스키퍼(안마사)이고 현영 씨는 시각장애인협회 산하 웹접근성평가센터에서 장애인이 정보에 접근하기 편리한지 평가하는 일을 하고 있다. 시각장애인 부부는 버스를 타고 노량진에 있는 어린이집에 유성이를 맡기고 출근한다.

집 근처에는 어린이집이 없나요?
상도동 어린이집들에 신청했는데 다 떨어졌어요. 인천에 사는 시어머니께서 오후에 어린이집에서 유성이를 집으로 데려오고 남편이 퇴근할 때까지 봐주십니다.

현영 씨가 앓은 망막색소변성은 어떤 병인지요.
잔인해요. 평생 동안 진행되는데 빨리 올 수도, 느리게 올 수도 있어요. 자다가 실명하기도 해요. 아내는 20대 초반부터 안 좋았는데 지금은 불빛 정도만 보입니다.

두 분은 어떻게 만났습니까.
2011년에 웹접근성평가센터에 처음 출근한 날, 같은 사무실에서 지금의 아내를 만났어요. 첫눈에 반했지요(웃음). 안타깝게도 당시 남자 친구가 있었습니다. '용기 있는 자만이 미인을 얻는다'는 말이 힘이 되었지요. 그래도 두려웠어요. 사내 커플이잖아요. 사귀다 깨지면 한 사람이 회사를 그만두어야 하나 고민했어요. 다행히 끝이 좋았지요.

정일 씨에겐 첫사랑이었나요.

(현영 씨가 답을 가로채) 그건 아니고요. 피장파장이죠(웃음).

광고 모델이 되고 세바시에도 나갔는데.
엘지유플러스가 시각장애인 가구에 AI 스피커를 무료로 나눠주고 사용 후기를 들으러 저희 집에 방문했다가 인상적이었는지 모델을 제의했어요. 며칠 망설였지요. 아들에게 좋은 추억이 될 것 같아 응했습니다. 그 통신사 추천으로 세바시에도 출연했고요.

세바시 강연에서 정일 씨는 '현영 씨와 당시 남자 친구 사이에 틈이 벌어질 때를 노렸다'고 했습니다만.
기다렸다가 치고 들어갔어요. '네가 하고 싶은 것, 가고 싶은 곳 다 들어줄 테니 얘기해. 네가 싫어하는 건 하지도 않겠다'고 약속했지요. 그때 저는 집이 인천이고 현영이는 의정부에 살았는데 매일 서너 시간씩 들여 데려다 주었어요. 며칠 고민하더니 '오빠랑 사귀어볼래요'라고 응답했지요. 2011년 9월 16일 지하철 4호선을 타고 동작대교를 건널 때였습니다.

현영 씨가 가수 정동하를 그렇게 좋아했다지요.
TV에 나와서 노래하는데 목소리 듣고 반했어요. 그때는 제 시력이 약간 남아 있었습니다. 모니터에 정동하 얼굴을 크게 띄워놓고 코를 박고 보면 어렴풋이 윤곽은 들어왔지요. 사람들이 다 잘생겼다고 하더라고요. 더 좋아져서 그가 출연하는

뮤지컬도 보러 갔지요. 오빠(남편)도 저 때문에 정동하의 같은 공연을 네 번이나 봤어요.

이 남자에게는 왜 끌렸나요.

한결같이 저한테 잘해주니까요. 제가 사귀기 전에도 그렇고 연애할 때도 좀 못 되게 굴었어요. 다 받아주더라고요. 제가 좋아하는 걸 두 가지 하면 오빠가 좋아하는 걸 한 가지 했어요. 사람이 변하질 않아서 결혼해도 똑같겠다는 믿음이 조금씩 생겼어요. 2014년에 결혼했습니다.

막상 한집에서 살아보니 어떻던가요?

함께 살아보니 말투가 그렇게 부드러운 사람은 아녜요. 결혼하고 '어, 뭐지?' 했어요. 이젠 원래 성격이 그렇다는 걸 알지만. 저는 좀 비관적인데 남편은 생각도 말도 긍정적이에요. 저한테 큰일이 닥칠 때마다 '괜찮아. 안 될 수도 있어. 다른 방법이 있을 거야'라고 다독여주어요. 인상이 좋다는 말을 많이 듣고요. 제가 남편 복이 있구나 생각하죠.

함께 사는 분이 '마음을 얻는 말 건네기' 분야의 달인인 것 같습니다.

진짜 말을 되게 잘해요. 저도 사회생활을 하니까 알지만 저런 남자 흔하지 않거든요. 시각장애를 가지고 있지 않아도 비관적인 사람이 참 많은데 오빠(남편)는 되게 밝아요.(듣고 있던 최정일 씨가 '당근과 채찍을 사용합니다'라며 웃었다).

정일 씨는 현영 씨가 육아로 힘들 때 어떻게 했나요.
엄마 찬스를 썼어요. '잠깐 유성이 좀 봐줘, 나 현영이 데리고
나갔다 올게' 하고는 데리고 나갔지요. 육아로 지칠 때 엄마
와 아이를 잠시 떨어뜨려놓으면 서로에게 도움이 된다고 해
서요. 저는 그대로 실천했습니다. 한 시간쯤 돌아다니며 별
다른 얘기는 안 했어요. '오늘 뭐 했어? 어땠어? 뭐가 힘들었
어?' 같은 걸 물었고 귀담아 들어주었지요. 현영이도 좀 위로
를 받는 것 같았어요.

**광고 출연과 세바시 강연 이후 일상이 좀 달라졌나요. 유명해져서
좋은 점, 나쁜 점이 있다면.**
사실 크게 달라진 건 없어요. 변화라면 이렇게 인터뷰 요청
을 받는 거죠. 실제로 알아보신 분이 있긴 있어요. 퇴근길에
셔틀버스를 타려고 줄을 서 있는데 앞에 있던 분이 '어, 제
가 아는 분이네요!'라고 인사를 했어요. 유튜브에서 봤는데,
회사 홈페이지가 웹접근성평가 인증을 받아야 한다면서요.
'아, 그럼 저희 쪽에서 하시라'고 제가 그랬어요. 건수 하나
올렸죠, 하하하. 실제로 알아보신 분은 그 한 분뿐이었어요.
불편해진 건 전혀 없습니다. 제가 광고모델이 된 AI 스피커
를 파는 매장에서 '덕분에 고객이 많이 늘었다'고 해서 뿌듯
했어요.

한국에서 장애인으로 살아가기는 힘들다. "직장에서 사정을 봐주는 게 없다"고 정일 씨는 말한다. 비장애인들과 일대일로 생존 경쟁을 해야 한다는 것이다. 그러다 보니 자신을 돌아볼 시간이 없었다.

가장 힘든 시기는 언제였나요.
(정일 씨가 답한다) 30대 초반입니다. 컴퓨터 프로그램 관련 일을 할 때인데, 시각장애인은 뭐든 배우는 속도가 느릴 수밖에 없잖아요. 20대 후반까지는 비장애인과 벌이는 경쟁에서 져도 그냥 그런가 보다 했어요. 30대가 되니 이렇게까지 하면서 살아야 하나 싶고 우울해졌습니다. 그들은 승진이라도 하는데 저는 이룬 게 별로 없는 거예요.

그때 조언해준 선배가 있었다고 들었습니다.
저는 어려서부터 특수학교에 다녔어요. 고교 선배이고 시각장애인인데 '스스로를 칭찬해본 적이 한 번이라도 있냐'고 물으셨지요. 없었어요. '화장실에 가서 옷을 홀딱 벗고 너를 보라'고 해서 그렇게 해보았어요. 처음엔 한숨밖에 안 나왔는데 계속 하니까 저 자신을 보게 되더라고요. 거울 보며 '최정일, 괜찮아. 잘 생겼어!' 하고. 또 마트에 가면 싼 와인이 있어요. 그걸 사 와서 마시며 저한테 이야기합니다. '오늘 하루 잘 살았어. 누구한테 화났지? 잘 참았어!' 칭찬을 해준 거예요.

그 비법을 아내에게도 전수했는지요.
아내는 성격이 좀 달라요. 저와 달리 중도에 실명하다 보니 두려움도 있고 잘 안 되면 금방 실망하고 마음에 그늘이 많아요. 전수해주려고 해도 잘 안 들더라고요. 받으려는 마음의 자세가 안 되어 있는 거죠. 하하하.

강연을 잘하시더군요. 원고는 직접 작성했나요.
제가 쓴 원고를 방송용으로 다듬어주셨어요. 볼 수가 없으니한 시간 동안 달달 외우고 무대에 올라갔습니다. 점자 스티커 붙일 생각은 미처 못 했고요. 사실 그날 너무 긴장해서 제가 무슨 말을 했는지도 몰랐어요. 한 번 더 하면 잘할 것 같은데(웃음).

초보 부부에게 가장 큰 시련은 임신이었고 현영 씨가 반대했다고요?
두 가지 이유로 두려웠어요. 하나는 '부모를 닮지 말아야 하는데 아이도 시각장애를 가지고 태어나면 어떡하나', 또 하나는 '우리가 그 아이한테 짐이 되면 어쩌나'였지요. 둘째 이유가 더 컸어요. 잘 키울 자신, 좋은 부모가 될 자신이 없었습니다. 오빠(남편)가 아이를 갖지 않겠다는 제 마음을 돌리려고 아주 현실적인 얘기를 해주었어요.

어떻게요?
설령 아기가 장애를 가지고 태어나도 괜찮다. 우린 이미 겪어보았으니 어떻게 해야 하는지 알지 않느냐. 우리 부모님은 그걸 몰라서 힘들었지만 우리는 다르다. 더 잘 보살피고

일단 상처받지 않게
말하는 연습이 필요합니다.
두 번째는 마음가짐이 중요해요.
사람을 많이 만나보고
경험이 쌓이다 보면 늘어요.
마지막으로는 생각이 달라져야 해요.
선입견에 갇히지 않도록이요.

가이드해줄 수 있다. 또 다행히 아기에게 장애가 없다면 우리가 부담이 되지 않으려고 더 준비하면 된다. 실제로 오빠가 저보다 일찍 퇴근해 육아를 다 하다시피 해요. 늘 미안하고 고맙고 그래요.

장애가 없는 부부도 출산을 망설이는 시대입니다. '아이를 어떻게 키워야지' 생각하는 부모와 '아이에게 짐이 되지 말아야지' 생각하는 부모는 출발선부터 다르군요.

젊은 부부들이 망설이는 게 당연해요. 국가가 출산만 장려하지 낳아서 어떻게 키울지 돕는 제도는 부족하니까요. 저희 같은 장애인 부모는 더 힘들고요. 그런데 아이를 키우면서 생각이 달라졌어요. 아이 때문에 잃어버리는 것보다는 얻는 게 훨씬 더 많아요. 스스로 뒤집고 일어나고 걷고 '엄마'라며 말하고 노는 모습을 볼 때마다 감격이 밀려와요. 경제적으로 빠듯해지고 생활을 육아에 빼앗길까 봐 출산을 주저할 텐데, 그런 실보다 득이 몇 배 더 큽니다.

점자도서관에서 이미 읽은 소설의 점자책을 우연히 본 적이 있다. 단 한 줄도 읽을 수 없어 막막했다. 시각장애인은 그런 일을 날마다 겪는다.

보이지 않는 생활에 적응이 되기도 하나요?

적응되는 게 있고 안 되는 게 있어요. 길 찾는 건 크게 문제 안 되고요. 가령 버스 번호가 안 보이는데 맞겠지 하고 타면 그 버스가 아닌 거예요. 계단이나 어떤 장소에 갔을 때 꼭 그 자리에서 다치곤 합니다. 알면서 또 넘어지는 거죠.

오늘이 한글날인데 시각장애인들에게는 '훈민정음' 대신 '훈맹정음 (訓盲正音)'이 있다면서요.
네. 저희에게 한글날은 11월 4일, 점자를 만든 날이에요. 시각장애인은 손끝으로 세상을 읽어요.

요즘 나온 가전제품들은 터치(touch)형이라 더 불편하겠습니다.
시각장애인은 켜고 끄는 느낌을 촉감으로 알아채요. 터치형은 스위치처럼 딸깍거리는 촉감이 없으니 제대로 작동하는지 가늠하기 어려워요. 다들 쓰기 편하다는데 저희한테는 너무 불편합니다. 키오스크(무인 단말기)를 설치한 식당도 늘고 있잖아요. 음성 지원이 안 되니 저희는 사용할 수가 없어요.

일상에서 가장 어려운 건 뭔가요?
유성이가 아플 때죠. 장애인 복지콜은 전화해도 연결이 잘 안 되고 오래 기다려야 해 소용이 없어요. 콜택시를 불러도 병원이 가까워서 택시 기사님들이 잡아주지를 않아요. 밤거리에 나가면 빈 택시인지 아닌지 보이질 않으니 또 발을 동동 굴려야 하고요. 누구는 그러더라고요. 눈 딱 감고 119를 부르라고. 불편하지만 그렇게까지 하고 싶진 않아요. 유성이 약 먹일 때는 용량을 가늠할 수 없어 속상해요. 남의 도움을 받아야 할 때마다 미안해요. 엄마 노릇 못 하는 것 같아서.

유성이가 어떤 사람으로 자라길 바라나요.
늘 하는 말인데 몸도 마음도 생각도 건강하고 밝고 바르게.
그런 사람으로 컸으면 좋겠어요. 유성이가 돌잡이 때 판사봉
을 잡았습니다(웃음).

아이를 키우면서 부모가 배우기도 합니다. 새로 깨달은 게 있나요?
마음이 유해졌어요. 전에는 밥을 먹을 때 무슨 반찬이 있어
야 했다면 이젠 일단 먹어요. 옆에서 똥을 싸도 먹어요(웃음).
그렇게 부드럽고 순해졌어요. 아이 눈높이로 이해하느라 생
각도 좀 넓어진 것 같고요.

어느 가정이나 크고 작은 근심이 있기 마련인데.
좀 더 편하고 안전한 곳으로 이사 가고 싶어요. 임대아파트
제도에 불만이 많지요. 저희는 들어갈 수가 없거든요. 살아
보려고 아득바득 일하고 있는데 맞벌이로 수입이 많아서 안
된답니다. 충분히 일할 수 있는데 임대아파트에 입주하려고
수급자로 사는 장애인이 주변에 많아요. 이건 모순 아닌가
요? 정부가 실태를 파악해 누군가 역차별당하는 일이 없도록
제도적 결함을 바로잡으면 좋겠어요.

보이지 않는 마음을 전달하는 기술, 다시 한 번 알려주세요.

눈이 보이는 사람이나 보이지 않는 사람이나 마음을 전하기가 어렵기는 매한가지예요. 일단 상처받지 않게 말하는 연습이 필요합니다. 두 번째는 마음가짐이 중요해요. 사람을 많이 만나보고 경험이 쌓이다 보면 늘어요. 마지막으로는 생각이 달라져야 해요. 선입견에 갇히지 않도록이요. 저는 말로 마음을 전달하려는 노력을 계속할 겁니다. 유성이에게도 그 방법을 일러주어야지요.

흰 지팡이의 날을 맞아 비장애인들에게 하고 싶은 말이라면.
출퇴근할 때 저를 도와주시는 분이 계신데 이모님이라고 불러요. 이모님 팔을 잡고 지하철을 타면 저를 뚫어져라 쳐다보는 분들이 있대요. 다른 세계에 있는 사람 보듯이요. 또 마트 계산대에서 저는 더듬더듬 물건을 담을 수밖에 없잖아요. 좀 기다려주시거나 도와주셨으면 하고요.

지금 가장 가지고 싶은 게 있는지 물었다. 칭얼거리는 유성이를 어르며 정일 씨가 "무인 자동차"라고 했다. 이유가 뜻밖이었다. 무인 자동차를 타고 가족 여행을 가려는 게 아니었다. "유성이 아플 때 병원에 빨리 데려갈 수 있으니까"라고 부부는 말했다.

현영 씨는 유성이 얼굴을 본 적이 없다. 어떻게 생겼는지 너무 궁금하다고 했다.

빅데이터보다는
직관을

〈설리: 허드슨강의 기적〉은 2009년 1월 15일 미국 뉴욕에서 일어난 실화를 다룬 영화다. 라과디아 공항을 이륙한 US항공 1549편은 새 떼와 충돌해 양쪽 엔진의 추진력을 상실한다. 기장 설리(톰 행크스)는 회항이 불가능하다고 판단했다. 조류 충돌부터 허드슨강 '비상착수(water landing)'까지 걸린 시간은 208초. 155명이 전부 살았고 그는 영웅이 되었다. 그해 주간지 『타임』이 선정한 '가장 영향력 있는 인물'에도 뽑혔다.

클린트 이스트우드가 연출한 영화는 이 사건의 뒷이야기를 파헤친다. 설리는 연방교통안전위원회(NTSB) 청문회에 소환되어 자신의 결정을 변호해야 했다. 항공사와 보험사는 회항이 가능했다는 시뮬레이션 결과를 들이대며 그에게 사고 책임을 묻는다. 승객과 여객기 모두를 위험에 빠뜨렸다고 의심한 것이다. 설리는 대중 앞에서는 영웅이었지만 NTSB에선 '믿을 수 없는 사기꾼'으로 추락

한다.

2만 시간 동안 비행기 조종간을 잡은 설리는 단 208초 사이의 일로 평가 받게 되었다. 숙련된 파일럿이지만 역사상 가장 낮은 고도에서 엔진을 잃은 A320을 비상 착수시켜야 할 줄은 몰랐다. 그런 사고에 대비한 훈련도 없었다. 절체절명의 순간에는 내비게이션도 관제탑도 쓸모가 없었다. 오직 직감이 그를 도왔다.

빅데이터 시대에 우리는 과거 어느 때보다 미래를 더잘 예측할 것이라고 믿지만 꼭 그렇지만은 않다. 몇 년 전 독일 막스플랑크 인간개발연구소에서 만난 게르트 기거렌처 소장은 "정보가 적을 때 더 나은 결정을 내릴 수 있고, 전문가 조언보다는 직감을 따르는 게 낫다"고 말했다. 의학·법학·금융 전문가조차 통계학을 오해하고 있다는 것이다.

그는 세계를 세 갈래로 나눈다. 확실성의 세계(천문학), 확률이 알려진 위험의 세계(슬롯머신·복권), 불확실성의 세계(주식·연애·사업·건강)다. 우리는 인생 대부분을 불확실성의 세계에서 산다. 기거렌처 소장은 "그곳에선 빅데이터나 이성은 쓸모없고 직감이 중요한데 사람들은 확실성이라는 환상에 빠져 위험을 자초한다"며 이렇게 말했다. "결혼 정보 회사는 알고리즘을 이용해 짝을 찾아준다고 홍보한다. 나라면 거기 안 간다. 결혼생활에선 파트너와 몇 %나 어울리느냐보다 그(그녀)를 어떻게 대하느냐가 훨씬 더 중요하기 때문이다."

삶은 주기율표와 다르다. 패턴이 없고 무질서하기 짝이 없다. 많은 리더는 사실 직감으로 결정을 내리는데 그 근거를 찾느라 시간과 돈을 허비한다. 직감만으로 결정했다고 하면 결과를 책임져야 한다는 공포 때문에 발설하지 않을 뿐이다. 설리는 어떻게 그런 기적을 일구었느냐는 물음에 "직감에 따라 할 일을 한 것뿐"이라고 답했다.

시각장애인 최정일·조현영 부부는 앞을 보지 못한다. 하지만 직관 또는 직감은 비장애인보다 더 발달해 있다. 불확실성의 세계에 살고 있다는 사실을 그들은 알기 때문이다. 확실성이라는 환상에 빠져 위험을 자초하는 일이 거의 없다.

인간은 세 가지 조건이 충족되면 행복하다고 한다. ① 자기 자신에 만족하고, ②몰입할 뭔가가 있고, ③그 일에 이타적인 가치가 있으면 된다. 최정일 씨에게 그 이야기를 들려주고 지금 행복한지 물었다. 그는 "두 가지는 되는데 내가 하는 일에 이타적인 가치가 있는지 모르겠다"고 답했다. 옆에 있던 조현영 씨가 "마사지로 남의 피로를 풀어주잖아요" 하자 그는 "내 피로가 쌓이긴 하지만……"이라며 웃었다.

그것은 '품위 있는 피로'라고 나는 생각했다. 빅데이터에게 한국에서 시각장애인으로 사는 법을 물었다면 '수급자로 편하게 사는 기술'을 가르쳐주었을지 모른다. 하지만 이 부부는 세금 꼬박꼬박 내면서 국가 재정에 부담을 주지 않고 자기 힘으로 서 있다. 힘겹지만 스스로 칭찬하고 위로하고 격려한다. 보이지 않는 마음을 비장애인에게 건넬 줄도 안다. 봉사하며 이타적으로 살아가고 있다.

150억 년에 이르는 우주의 시간을 1년으로 압축하면 태양계는 9월 9일에, 지구는 9월 14일에 탄생했다. 인류는 12월 31일 오후 10시 30분쯤 등장해 11시 59분에야 여러 동굴에 벽화를 그렸다. 고대 문명에서 현대까지 오는 데 10초밖에 안 걸렸다. "이 세계는 어마어마하게 늙었고 인류는 너무나도 어리다"고 천문학자 칼 세이건은 말했다. 우리는 우주의 암흑 속에서 외롭게 떠 있는 하나의 알갱이(지구)에 거주하는 존재에 불과하다. 자신과 타인을 사랑해야 하는 이유다.

PART 4

무엇이 사라지는지
그들은 안다

문장 수리공
김정선이 솎아낸
'적의것들'

문장 감량

신문사가 운영하는 저널리즘 아카데미에서 글쓰기 강의를 맡았다. 강좌 이름을 고민하다 '문장 감량(減量)'이라 붙였다. 성인이 어떤 질병에 걸리거나 건강이 나빠질 때 배경을 살펴보면 비만이 연루되어 있는 경우가 많다. 체중부터 줄여야 한다. 비유하자면 글쓰기도 마찬가지다. 불필요한 군살을 빼야 문장이 늘씬해진다.

글을 쓰는 일은 운전과 닮아 있다. 자율주행차가 아니라면 사람이 시동을 걸고 운전대를 잡아야 한다. 글쓴이도 펜을 쥐고 끄적거리거나 자판을 타닥타닥 두드리며 앞으로 나아간다. 운전에는 방향과 거리, 행선지가 있다. 글도 어떤 경로를 따라 목표를 향해 달린다. 곧게 뻗고 고속도로에서는 속도를 내고 구불구불 비포장도로를 만나면 브레이크를 자주 밟아야 한다. 도중에 덮고 휴지통에 버릴 게 아니라면 글쓰기는 마지막에 마침표를 쾅 찍어야 끝나는 작업이다. 운전자(글쓴이)는 비로소 엔진을 끄고 자동차(글)에서 내릴 수 있다.

'문장 감량' 첫 강의 시간에 운전면허증 두 개를 보여준다. 그중 20년 된 면허증에는 서울지방경찰청장의 직인이 찍혀 있다. 나머지 하나는 미국에서 연수하던 2011년에 로스앤젤레스에서 딴 면허증이다. 모니터에 두 사진을 나란히 띄워놓고 말한다. "한국에서 저는 멀쩡히 운전 잘하는 사람이었습니다. 그런데 미국에서는 익히 들은 대로 운전면허 따기가 정말 팍팍하더군요."

그 이유는 습관 때문이다. 한국에서 몸에 익힌 운전 습관은 미국 운전면허시험에서 쓸모가 없었다. 도움은커녕 방해가 되었다. 좀 과장하면 자동차 바퀴가 4개이고 내가 운전대를 잡는다는 사실만 같을 뿐 나머지는 모두 달라 보였다. 먼저 제한속도와 멈춤(Stop) 표지판이 내 운전 습관을 무참히 공격했다. 첫 시험에서는 너무 빨리 달려서, 두 번째 시험에선 너무 느리게 달리는 바람에 탈락했다. 사실상 운전을 새로 배워야 했다.

초보 운전자는 눈부터 손발까지 모든 감각을 운전에 집중한다. 익숙해지면 설렁설렁 먼길을 아무렇지도 않게 달린다. 장거리 운전을 하면서 어느 글의 도입부를 어떻게 쓸지 설계할 수 있고, 간밤에 일어난 부부싸움을 되짚어볼 수도 있다. 우리는 습관 덕에 어떤 사람이나 사물, 세계에 적응한다. 하지만 습관은 양날의 검이다. 무감각이나 부주의를 낳을 수 있다. 나는 세 번째 도전에야 미국 운전면허시험을 가까스로 통과했다.

'김밥천국'이라는 프랜차이즈 분식집을 아시는지. 김밥을 먹으러 무심코 그곳에 들어갔다가 국밥을 먹고 나왔다는 일화가 있다. 다시 보니 간판에 '김천국밥'이라고 적혀 있었단다. 간판 속 활자와 색깔까지 김밥천국을 빼닮아 깜빡 속을 만했다. 뭐든지 익숙해지면 그렇게 '말아먹는 일'이 생길 수 있다.

문장 감량을 강의하면서 인터뷰 기사 쓰는 기술을 소개한 적이 있다. 서두가 좀처럼 풀리지 않을 경우 아예 맨 마지막 문장부터 쓸 때도 있다. 어떻게 끝낼지 글의 출구를 명확히 해두면 어떻게 시작해야 할지 답이 나온다. 특히 긴 인터뷰는 중간에 경로를 벗어나 용두사미로 흐를 위험이 있다. 뒤에서부터 거꾸로 쓰면 전하려는 이야기가 더 뚜렷해진다.

내가 강조하는 문장 감량법 가운데 한 가지는 '매력적인 글에는 쉼표가 거의 없다'는 것이다. 문장이 길어지면서 호흡이 불편해질 때는 어떻게 회피할 수 있는지부터 고민한다. 그렇게 넘길수록 글은 노래에 가까워진다. 쉼표란 찍지 않고는 못 배길 때 별 수 없는 인간이라는 듯이 쓰는 구두점이다.

어떤 사람을 신문에 인터뷰할 만한지 가늠할 때 나만의

저울이 있다. 먼저 '체급'을 파악해야 기사의 크기를 정할 수 있다. 독자 입장에서 세 가지 질문을 던진다. (그 또는 그녀가) 유명한가? 놀랍거나 유용한 이야기를 품고 있는가? 감동적인가? 물론 이름이 알려졌고 놀라운 스토리를 가진 데다 읽는 사람 마음까지 움직인다면 으뜸이다. 취향을 고백하자면 대중적인 인물보다는 놀랍거나 감동적인 사연에 훨씬 더 끌린다.

2017년 여름에 만난 교정·교열 전문가 김정선 씨는 유명하진 않지만 놀랍고 쓸모 있는 정보를 주는 인터뷰이였다. 책을 만드는 과정은 분업화되어 있다. 교열·교정은 맞춤법과 문체를 살피며 글을 만지는 작업. 편집자와 저자(번역자)가 그림을 앉힌 교정지를 주고받으면서 진행되는 이 공정에서는 꼼꼼한 점검이 필수다. 독자의 독해력과 맥락까지 고려해 원고를 수정해야 한다. 김정선 씨는 그 일을 20년 넘게 해왔지만 판권 페이지에는 이름이 나오지 않았다. '있지만 없는' 존재인 셈이다.

흔적이
드러나면 안 되는
일을 하는 사람

출판계 외주(外注) 교정자가 2016년 펴낸 책이 18개월 만에 3만 2,000부나 팔렸다. 제목은 '내 문장이 그렇게 이상한가요?'. 출간 1년 안에 1만 부 고지를 밟는 국내 저자가 100명이 되네 마네 하는 요즘 출판 시장에서는 '사건'이었다. 2019년 봄에 다시 확인해보니 누적 판매량이 7만 부를 넘어섰다.

"동사(動詞)는 음식으로 치면 육수나 양념에 해당한다. 제 몸을 풀어헤쳐 문장 전체에 스며들어서 글맛을 내기 때문이다. 육수나 양념과 마찬가지로 잘 쓰면 감칠맛까지 낼 수 있지만 잘못 쓰면 맛은커녕 허기를 채우기도 어려워진다⋯⋯."

김정선 씨가 2015년 낸 첫 책 『동사의 맛』에서 이 대목을 읽다 입맛을 다셨다. 남(저자·역자)이 쓴 글만 다듬다 베스트셀러 저자가 되었으니 '부사의 맛' '형용사의 맛'도 곧 출간되겠거니 지레짐작했다. 세 번째 책 『소설의 첫 문장』을 펴냈고 글쓰기 강사로도 인기를 얻은 그는 뜻밖에도 교정·교열 일을 놓지 않고 있었다. 김정선 씨는 대수롭지 않게 말했다. "책도 강의도 재미있는 '외도'였어요. 이제 그만 쓰려고요."

그는 대학에서 독문학을 전공했다. 졸업하고 기업체 취직이 잘 안 되자 1993년 잡지사 『한국인』 편집부에 들어갔다. 2년 반쯤 선배들 어깨너머로 교정·교열 일을 익혔다. 을유문화사로 옮긴 뒤에는 수작업으로 책 만드는 과정을 배웠다고 한다. 학교가 아니라 현장에서 실전을 거치며 문장의 고수가 된 셈이다. "누군가 쓴 문장을 읽고 '왜 그렇게 썼을까' 생각하고 다시 써보는 게 일이자 유일한 취미"라고 말했다.

어쩌다 외주 교정자가 되었나요?

출판사 그만두고 놀다 보니 돈이 떨어졌어요. 후배가 등을 떠밀어 얼결에 일을 맡았지요. 처음엔 욕도 많이 먹었죠. 제가 본 교정·교열을 외부에서 점검했는데 실수가 새빨갛게 나왔어요. 이 일은 아니구나, 했는데 후배가 속된 말로 뻥을 친 겁니다.

어떻게요?

저를 소설 습작하는 사람이라고 출판사들에 소개했어요. 문장을 수정해주었더니 마음에 들었는지 계속 일감이 들어온 거예요. 번역서를 주로 맡았는데 초반에는 인문서였고 최근 엔 소설을 많이 봅니다.

교정·교열이란 무엇인가요.
신문사엔 과거에 식자공(植字工)이 심는 활자가 있었어요. 거꾸로 들어가기도 하고 다른 게 들어가기도 하고. 그걸 고치는 걸 '교정(校正)', 문장 순서를 바꾸는 걸 '교열(校閱)'이라고 했대요. 요즘 출판에서는 맞춤법 보는 게 교정이고 문장 수정하는 게 교열입니다.

원고를 하나 보는 데 얼마나 걸리나요.
300~350쪽 분량이라면 대체로 초교는 일주일에서 열흘이요. 재교는 일주일 안쪽이고, 삼교는 더 짧아집니다. 책을 낼 시간에 쫓길 경우는 더 빨라질 수도 있고요. 교정지가 저자한 테 갔다가 돌아오는 것까지 감안하면 짧으면 한 달, 길면 1년 가까이 걸릴 수도 있습니다.

한 달에 몇 권이나 보시는지.
계산하기 어려워요. 저한테 일을 주려고 줄 서서 기다리고 있거나 제가 딴짓 안 하고 업무만 보는 게 아니니까요. '기다림'도 이 일의 한 부분입니다. 그 사이에 다른 글 읽으면서 눈을 씻고 낯설게 만들어야 하니까요. 그래야 놓친 걸 볼 수 있습니다.

문학 분야는 몇 문장만 보아도 저자(역자)의 호흡과 리듬이 읽히나요?

한창 까불 때는 그렇다고 생각했어요. 지금은 잘 모르겠고요. 10~20년 전엔 번역이 엉망인 경우가 많았어요. 교수가 일감을 맡아 대학원생들에게 나눠주곤 하던 시절입니다. 아버지가 아들에게 존댓말을 쓴다거나 마부가 말에게 '이랴이랴!' 해야 하는데 '여보시게!' 했지요(웃음).

『내 문장이 그렇게 이상한가요?』는 문장 안에 반복적으로 등장하면서 그 문장을 어색하게 만드는 표현들을 추려 보여준다. 재미있게 읽히도록 소설 같은 이야기를 곁들였다. 그는 "교정·교열 배울 때 머릿속에 '적·의를 보이는 것·들'이라는 공식을 기억하고 다녔다"고 했다. 접미사 '―적(的)'과 조사 '―의', 의존명사 '것'과 접미사 '―들'이 습관적으로 쓰일 때가 많으니 주의해서 잡아내야 한다는 원칙이다.

마치 경찰이 단속해야 할 상습범 같더군요.

문장에 잡초나 자갈처럼 많이 끼어 있어요. 잡초 뽑아내고 자갈 골라내듯 하도 빼다 보니 싸잡아 '적·의를 보이는 것·들'이라고 불러요.

간단한 예를 들어주신다면.

'사회적 현상'은 '사회 현상', '혁명적 사상'은 '혁명 사상', '국제적 관계'는 '국제 관계'로 쓰는 게 훨씬 깔끔해요. 뜻이 더 분명해집니다. '—의'도 마찬가지예요. '문제의 해결'이 아니라 '문제 해결', '음악 취향의 형성 시기'가 아니라 '음악 취향이 형성되는 시기'로 쓰는 편이 낫지요.

의존명사 '것'은 왜 문제인가요?
대부분 쓸데없으니까요. '내가 살아 있다는 것에 대한 증거'는 '내가 살아 있다는 증거'로 군살을 빼야죠. '인생이라는 것을 딱 부러지게 정의하기'가 아니라 '인생을 딱 부러지게 정의하기'입니다. 좋은 문장은 더하기가 아녜요. 대체로 빼기를 통해 만들어져요.

'들들들'만 눈에 띄는 글을 '재봉틀 원고'라 부른다는 대목을 읽으며 클클클 웃었어요.
'모든'으로 수식되는 명사에는 '—들'을 붙이지 않는 게 자연스러워요. '모든 아이들이 손에 꽃들을 들고 자신들의 부모들을 향해 뛰어갔다'는 문장이 있다면 '모든 아이가 손에 꽃을 들고 자기 부모를 향해 뛰어갔다'로 고쳐 써야죠."

어떤 책이든지 저자는 머릿속에서 숱하게 문장을 궁굴린 데다 여러 번 읽어 고칠 게 없다는 확신을 가지고 있을 것 같습니다. 교정·교열자는 정반대겠지요?
일단 의심을 하고 봅니다. 평균적인 독자를 상정해서 그 기준으로 모르는 게 나오면 물어보고 좀 더 쉽게 써달라 해요.

아니면 수정해서 '이렇게 하면 어떠냐'고 제안하지요. 교정지 위에서 저자(역자)와 대화하는 겁니다.

김훈 소설 『칼의 노래』도 만졌다고 들었습니다만.
원고지에 연필로 눌러쓰는 분이잖아요. 교정·교열이라기보다는 컴퓨터로 옮긴 활자가 맞는지 대조하는 일을 했어요. 문장이 독특했는데 동인문학상도 받고 그렇게 유명해질 줄은 몰랐죠. 수정한 게 있는지는 기억이 안 나요. 그게 사실 저희 직업입니다.

환자의 병을 함구하는 의사처럼요?
네. 물어보진 않았지만 필자들의 요구도 '다 보고 나면 제발 잊어라'일 거예요. 치부일 수도 있으니까. 뒷얘기를 책으로 내면 상도덕에 어긋나죠(웃음). 한 가지는 분명해요.

뭐죠?
어떤 사람 글이 물 흐르듯 자연스럽게 읽힌다 싶으면, 그 글은 결코 자연스럽게 쓴 게 아니라는 사실입니다. 그렇게 보이게끔 인위적으로 질서를 부여하며 공들여 매만진 거예요.

직업병이랄까. 김정선 씨는 별문제 없는 문장을 읽고 또 읽는 자신을 보며 자괴감이 들곤 했단다. "몇 해 전 안구건조증으로 교정·교열 일을 좀 줄였다. 요즘엔 순수하게 책 읽는 재미에 빠져 있다"고 했다.

어떤 사람 글이
물 흐르듯 자연스럽게 읽힌다 싶으면,
그 글은 결코
자연스럽게 쓴 게 아니라는 사실입니다.
그렇게 보이게끔
인위적으로 질서를 부여하며
공들여 매만진 거예요.

흔히 '입장 바꿔 생각해보라' 하는데, 남의 문장만 다듬다가 저자가 되고 보니 어떤가요?

'아, 이런 기분이었겠구나' '그동안 나쁜 짓 많이 했구나' 깨달았어요(웃음). 제 실수를 수정해주면 고맙기는 하지만 글에 깐죽거린 것 같아서 기분이 안 좋더라고요.

『동사의 맛』에 이어 '부사의 맛' '형용사의 맛'도 쓰나요?

역량이 안 됩니다. 『동사의 맛』은 사실 활용형 때문에 쓴 거예요. 한글 문장은 95% 이상이 용언(서술어 기능을 하는 동사나 형용사)으로 끝나잖아요. 동사의 활용형은 사전에도 잘 안 나와서 정리해두면 쓸모가 있겠다 싶었어요. 강의를 해보니 사람들이 곤혹스러워하는 건 역시 용언이더라고요.

강좌명이 '내 문장 속 군살 빼기'더군요. 대체로 어떤 분들이 수강하나요?

대부분 직장인들이었어요. 글 스트레스를 많이 받고 있구나 싶었죠. 메일 보내고 SNS 홍보도 하려면 글을 써야 하잖아요. 단군 이래 지금이 꼭 독서 형태는 아니어도 한글로 쓴 문장을 가장 많이 읽고 쓰는 시대입니다.

어떻게 가르치나요?

보고서는 명사 위주로 쓰라고 해요. 상사가 보고서 쓴 사람의 마음을 읽으려고 하는 건 아니니까요. 반면 연애편지라면 내용은 보나마나 '아이 러브 유'겠지요. 따라서 용언을 잘 써서 상대를 감동시켜야 합니다. 교정 일을 하다 보니 의성어·의태어는 애저녁에 없어졌고 사람들이 점점 부사를 안 쓴다는 걸 절감하고 있어요.

어떤 부사가 없어지고 있나요?
요즘엔 '짐짓' '무릇' '사뭇'이 사라지는 중이에요. '몹시'나 '매우'는 안 쓰고 '너무'만 너무 쓰고 있고요. 동사 표현도 단조로워집니다. 1990년대만 해도 '(입을) 가시다'와 '(그릇을) 부시다'는 소설 말고 일반 산문에서도 썼는데 지금은 '씻다'로 뭉뚱그려지는 경향이 강해요. 그렇게 붙박이 용언 하나만 쓰면 언어가 다채로움을 잃게 됩니다.

이제 전업 작가를 하셔도 될 것 같은데요.
눈이 안 좋아 쉴 때 출간 의뢰를 받은 거였어요. 제 깜냥으로 쓸 수 있는 책은 다 쓴 것 같아요. 더 욕심부릴 건 없죠.

　김정선 씨는 문장 수리공으로 남겠다고 했다. 우리 사회에서 무엇이 사라지고 있는지 그는 알고 있었다. 책마다 판권 페이지가 있지만 저자·역자·편집자·디자이너와 달리 교정자 이름은 나오지 않는다. 김정선 씨에게 일할 때 철칙이 있는지 묻자 "저자나 역자를 모른 채 일하려 하고, 끝나면 애정 두지 않고 빠져나온다"고 답했다.

문장 수리공은 책에 흔적이 드러나면 안 되는 일을 하는 사람, '없지만 있는' 존재였다.

당신의
부사는
안녕한가요?

        현대인에게 운전은 필수다. 글쓰기에 애를 먹는다는 사람에겐 『내 문장이 그렇게 이상한가요?』를 필독서로 추천하곤 한다. 김정선 씨와 나눈 대화는 내게도 쓸모가 많았다. 우리 사회에서 무엇이 사라지고 있는지 그는 알고 있었다.

  20년 넘게 남의 문장을 다듬는 일을 해온 그는 "문어체에서 부사(副詞)의 급변을 목격하고 있다"고 증언했다. "빈도나 강도를 나타내는 부사는 쏠림 현상이 심해지고 말을 부드럽게 해주는 부사는 사라지고 있다"는 지적이다. 과거라면 '퍽' '매우' '아주' '몹시' 같은 부사가 들어갈 자리를 '너무'나 '완전'이 차지해버렸다고도 했다. '완전'은 명사인데 최근엔 부사로 둔갑하고 있다. "나 오늘 시험 완전 망했어"처럼.

  부사는 문장에서 없어도 그만일 것 같지만 국어학자들은 동의하지 않는다. 용언(동사나 형용사) 앞에 놓여 뜻을 분명하게 해주기 때문이다. 번성하는 말, 쇠락하는 말을 보면 그 사회를 가늠할 수 있다. 특히 부사는 대중의 욕망을 읽어내는 지표다.

숫자를 보고 어떤 패턴을 끌어내 기사를 쓰는 방식을 데이터 저널리즘이라고 부른다. 김한샘 연세대 교수에게 의뢰해 지난 60여 년 사이 한국인이 어떤 부사를 더 쓰고 어떤 부사를 덜 쓰고 있는지 추적했다. 연세대 언어정보연구원이 가진 신문 말뭉치를 대상으로 삼았다. 변화 폭이 클 것으로 의심되는 부사 25가지를 골라, 1950년대부터 2018년까지 사용 빈도가 어떻게 달라졌는지 조사했다. 문장에 잠복한 한국인의 심리, 사회 변화의 한 단면을 엿볼 수 있었다.

어떤 부사가 다른 어휘에 비해 얼마나 더 사용되었는지 보여주는 값을 '상대 빈도'라 한다. 연구팀이 추적한 부사 중 '더' '가장' '잘' '정말' '굉장히' '엄청'은 상대 빈도가 꾸준히 증가한 것으로 나타났다. '더' '가장' '정말'의 경우 1950년대에 비해 현재는 2배 정도 기사 문장에 더 자주 등장했다. 반대로 '무릇' '넌지시' '짐짓' '사뭇'은 점점 덜 쓰고 있다. '넌지시'는 1950년대와 견주면 7분의 1로 감소했다.

'극히' '심히'도 사용 빈도가 급감한 것이 확인되었다. SNS 사용으로 말과 글 사이에 언어 격차가 줄어들면서

문어에서 주로 쓰던 부사들이 세력을 잃은 것이다. 구어체에서 부사적 용법으로 많이 쓴다고 체감하는 '완전'의 경우, 기사 말뭉치에서는 그 경향을 입증하기 어려웠다. 김한샘 교수는 "지면이 한정된 신문 기사는 일상어보다 정제된 문장을 쓰기 때문"이라며 "그런 제약에도 불구하고 어떤 부사의 사용 빈도가 몇 배씩 늘거나 줄었다면 양상이 크게 바뀐 것"이라고 했다.

심하다는 뜻을 강조하는 부사를 '정도 부사'라 부른다. '더' '가장' '정말' '굉장히' '엄청' 같은 정도 부사들의 상대 빈도가 확연히 증가한 것으로 조사되었다. 강력한 수식어를 써 주장이나 감정을 효과적으로 드러내려는 경향이 짙어진 것이다. 인간관계가 복잡해지고 감정 노동이 늘어나고 평생 직장 개념이 사라진다. 센 부사를 향한 뜨거운 러브콜은 그런 사회 변화를 겪으며 생긴 불안감의 반영이라는 진단이다.

우리는 극심한 경쟁 사회에 산다. 상대가 내 말을 들어주었으면 하는 욕구가 갈수록 강해진다. '목소리 큰 놈이 이긴다'는 한국 사회에선 문장에도 '센 부사'를 써먹는 사람이 늘어나고 있다. 말은 전염력이 강하다. 부사를 고를 때 신중함은 줄어들고 강한 자극과 속도에 끌리는 셈이다.

글도 그렇지만 말은 1980년대까지만 해도 요즘 북한 사람들이 쓰듯이 간단명료했다. 김정선 씨는 "무차별적으로 강한 부사를 사용하는 사람들 틈에서 내가 부드러운 부사만 쓴다면 뜻이 제대로 전달되지 않을지 모른다는 두려움이 커진다"며 "요즘 '~인 것 같다'처럼 말에 불필요한 장식을 붙이는 까닭도 당장 5분 뒤에 어떻게 될지 모르는 세상에서 자기 확신이 없기 때문"이라고 했다. 불안감 때문에 말의 내용보다 형식에 치중한다는 뜻이다.

"지옥으로 가는 길은 수많은 부사로 뒤덮여 있다"고 작가 스티븐 킹은 일갈했다. 가령 '그는 문을 굳게 닫았다'라는 문장에서 부사 '굳게'는 없어도 그만인 사족이다. 글쓰기로 밥벌이하는 사람이라면 곱씹어볼 만한 충고다. 나는 그의 견해에 절반만 동의한다. 부사가 죽은 문장을 살려내는 경우도 더러 있으니까.

한국 사회에서는 단순히 부사 사용법만 달라진 게 아니다. '언어 인플레이션' 현상이 강화되고 있다. 옛날에는 그저 '참기름집'이라는 간판을 내걸면 그만이었다. 안 믿을까 봐 '참기름' 앞에 '순'을 붙인 게 시작이다. 다시 '진짜'를 덧대 '진짜순참기름집'이 되었다. 그런 집이 많아지자 차별화가 필요했다. '원조진짜순참기름집'으로도 모자라 '100%원조진짜순참기름집'으로 거듭났다. 불신과 불안이 말에 거품을 부르고 값어치 하락을 자초하는 악순환이다.

한국에서 영화는 그냥 개봉하지 않는다. 언제나 '대개

봉'이다. 오늘 모실 손님은 흔해빠진 VIP가 아니라 VVIP
다. 돈 드는 게 아니니 호칭도 부풀린다. '부사장'은 '사
장', '부회장'은 '회장'이라고 높여 부른다. 설렁탕을 주문
할 때조차 주저 없이 외친다. "보통 말고 특설렁탕으로
주세요, 특!"

　평범하면 왠지 손해 보는 기분이 들기 때문일까. 특별
해지고 싶어하는 욕망을 탓할 수는 없다. 과대 포장이 문
제다. 세상이 독해지니 말도 글도 독해지고 있다. 건강검
진만 받을 게 아니라 자문해볼 일이다. 당신이 쓰는 부사
는 과연 안녕한지.

판사
천종호의
'호통'

컵라면
재판

아이들은 라면을 끓이며 물과 불, 음식의 상호관계를 이해하기 시작한다. 라면은 평등하다. 이 음식 앞에서는 남녀노소, 빈부 차이가 없다. 라면의 세계는 넓고 깊다. 봉준호 감독 영화 〈기생충〉에 짜파구리(짜파게티+너구리)가 등장한 것처럼, 부자집도 입맛은 다르지 않다. 가끔 이 B급 먹거리를 먹지 않고는 못 배길 것이다.

우리나라 인스턴트 라면의 역사는 1963년 9월 출시된 삼양라면으로 열렸다. 당시 한 봉지에 10원이었다. 한국인과 라면과의 열애는 수치로 증명된다. 우리 국민의 연간 라면 소비량은 37억 개. 1인당 약 74봉지 꼴인데, 원산지 일본을 멀찌감치 따돌리고 세계 1위다. "라면은 간편한 식품 이전에 하나의 음식 혁명이었고 우리 삶이라는 드라마에 꼭 필요한 조역"(박찬일 음식 칼럼니스트)이었다.

2018년 한국갤럽 설문조사에 따르면 한국 성인은 10명 중 6명이 일주일에 한 번 이상 라면을 먹는다. 나도 그 집단에 포함된다. 라면은 한국인이 지닌 정서적 토양, 그 밑바탕에 뿌리를 내렸다는 시각도 있다. 작가 김훈이 『라면을 끓이며』에서 "장복을 하면 인이 박인다. 그 안쓰러운 것(라면)을 한동안 먹지 않으면, 배가 고프지 않아도 공연히 먹고 싶어진다"고 쓴 것처럼 말이다.

라면은 10분이면 뚝딱 해결되는 간편식이다. 먼저 물 550㎖(3컵)을 불에 올려놓는다. 비등점에 이르면 냄비 뚜껑이 달그락거린다. 이렇게 끓는 물에 분말수프부터 넣고 면을 투하한다. 익어가는 동안 면을 건져 올려 바깥공기를 두세 번 쏘인다. 그래야 더 쫄깃해진다. 면을 따로 끓여 기름기를 빼고 칼로리 섭취를 줄이기도 한다. 식성에 따라 계란, 파, 김치를 곁들여도 좋다.

라면은 알게 모르게 우리 삶을 지탱해준 한 끼 식사다. 그런데 이 음식을 향한 감정은 이중적이다. 우리는 라면을 사랑하면서도 증오한다. 나트륨이 중죄인으로 지목된다. '건강을 생각해 국물까지 드시지는 마세요'라는 경고문을 보았다. 과음한 날에는 밤중에 라면 생각이 굴뚝 같다. '살면 얼마나 산다고 이걸 안 먹나'로 죄책감을 밀어낸다. 국물까지 마시곤 이내 후회한다. 라면은 중독성이 있다. 자장면보다 주기(週期)가 빨리 돌아오는 길티 플레저(guilty pleasure)다.

종영 30년이 넘은 TV만화 〈아기공룡 둘리〉에는 히트

곡 〈라면과 구공탄〉이 들어 있었다. 마이콜이 부른 이 노래를 듣고 있노라면 먹는 소리도 라면 맛의 일부라는 견해에 수긍하게 된다. '후루룩 짭짭 후루룩 짭짭'은 묘하게 귀로 들어와 혀에 착착 달라붙는다. 바쁜 세상에 손이 닿는 곳에 늘 라면이 있다. 재빨리 끼니를 해결할 수 있는 것도 장점이다. 후루룩 짭짭 후루룩 짭짭…….

그런데 이 음식은 사실 평등하지 않다. 갑질의 소재가 된 적도 있다. 2013년 대한항공 기내에서 '라면 상무 사건'이 벌어졌다. 비즈니스석에 탄 대기업 임원이 "라면이 짜다"는 둥 "설익었다"는 둥 트집을 잡다가 급기야 승무원을 책 모서리로 때렸다. 비행기가 미국 공항에 착륙했을 땐 FBI 요원이 그를 기다리고 있었다. 이 라면 상무 사건은 '갑(甲)의 횡포' 사례로 회자된다. 해고된 그는 무효 소송을 제기했지만 대법원에서 패소했다.

몇 해 전에는 '컵라면 재판'이라는 말도 들었다. 어느 소년 재판 전담 판사가 자기 업무에 빗댄 표현이다. 사건이 많을 때는 재판을 3~4분 만에 처리하는 게 현실이라며 그는 괴로워했다. 컵라면이 익을 정도로 짧은 시간이다. 그 3~4분에 한 소년의 미래가 결정되는 셈이다. 이 '컵라면 재판'이 내 아이의 일일 수도 있다고 생각하니 섬뜩했다.

천종호 판사는 2010년 창원지법에서 소년 재판을 처음 맡았다. 하루 평균 120~180명을 재판해야 했다. 한 아이

당 말 그대로 3~4분. 차분히 기록을 검토하고 아이의 이야기를 듣기에는 턱없이 시간이 부족했다. '컵라면 재판'이라는 말은 전후사정을 살피기 어려운 조건에서 처분을 내리기 급급한 현실을 씁쓸하게 풍자한 것이다. '후루룩 짭짭 후루룩 짭짭'에 비하면 얼마나 잔인한가.

소년 재판은 변호인을 선임하고 법적 공방을 길게 벌이는 성인 법정과 견주면 불평등하기 짝이 없다. 천종호 판사는 쉽고 경미한 사건은 1분 내에 처리하고 중요한 사건은 좀 더 시간을 빼 10분 이상 할애했다. 법정에서 호통을 치는 것으로도 유명하다. '컵라면 재판'이라는 말을 알고부터는 컵라면이 다르게 보이기 시작했다. 그토록 짧은 시간에 판결해야 하는 법관이나, 그 결과에 따라 인생이 좌우되는 소년범이나 모두 위험천만해 보였다.

너,
판사님 딸
하자!

2017년 9월 대한민국은 '부산 여중생 폭행 사건'으로 시끄러웠다. 여중생 네 명이 부산의 어느 골목에서 열네 살 여중생 A양을 90분간 마구 때렸다. 폭행 사실을 경찰에 알린 데 대한 앙갚음이었다. 그들은 폭행 혐의로 재판에 넘겨졌다. 당시 피투성이가 된 채 무릎을 꿇은 A양의 사진이 SNS로 퍼지면서 대중은 분노했다. "가해 여중생들을 엄벌하라"는 여론이 냄비 물처럼 끓어올랐다.

한국 사람들은 또 빨리 식는다. 충격적인 사건이 벌어지면 화르륵 타올랐다가도 시간이 좀 지나면 언제 그랬냐는 듯 까맣게 잊는다. 하루에 소비하는 정보량이 너무 많아진 탓도 있다. 훨씬 더 놀랍고 끔찍한 소식이 날마다 인터넷과 SNS로 밀려오니까. 우리는 뉴스 중독의 시대를 살아간다.

그런데 '호통 판사' 천종호는 2018년 2월 두 번이나 뉴스

의 주인공이 되었다. 먼저 들려온 소식은 미담. 부산가정
법원 법정에서 벌어진 일이다. '부산 여중생 폭행사건' 피
해자 A양이 그 사건 전에 저지른 가벼운 비행으로 천종호
부장판사를 만났다. 천 판사는 A양에게 동의를 구하고 가
해자 중 구속되지 않은 B양을 불러냈다. B양은 A양에게
"미안하다 용서해줘"를 10번 외쳤다. 둘은 결국 부둥켜안
고 울었다. 감동적인 장면은 이 재판이 끝난 다음에 펼쳐
졌다.

천 판사가 A양에게 말했단다. "너, 판사님 딸 하자!" 싫
지는 않은지 A양은 빙긋이 웃었다. 휴대전화로 함께 사진
을 찍고 나서 천 판사가 덧붙였다. "학교에서 누가 괴롭
히거든 이 사진을 보여주어라. 힘들면 연락하고."

며칠 뒤 우울한 뉴스가 엄습했다. 천 판사가 부산지방
법원으로 인사 발령이 나 소년보호재판을 떠나게 된 것
이다. 청와대 국민 청원 게시판에는 '인사 발령을 철회해
달라' '계속 소년 재판만 하게 해달라' 같은 청원이 줄줄이
올라왔다. 분노가 지배하는 이 게시판에서는 드문 일이
었다.

부산 사무실로 찾아갔을 때 천 판사는 짐을 정리하고
있었다. "소년 재판만 하다 퇴직할 줄 알았는데 충격이
크다"며 허탈하게 웃었다. 한쪽엔 소년범들에게 받은 편
지가 수북이 쌓여 있었다.

'소년범들의 아버지'로 불렸습니다만.

지난 일주일간 낮에는 무기력증에 시달렸고 밤에는 잠을 못 잤어요. 삶의 기쁨이 통째로 사라진 기분이에요.

소년 재판만 8년 하셨지요?

2010년부터 소년범 1만 3,000~4,000명을 만났습니다. 처음 맡았을 땐 하루 6시간 동안 아이들 100여 명을 처분해야 했어요. 1인당 3~4분. 그래서 '컵라면 재판'이라 불렸습니다. 성인 재판을 그렇게 후다닥 했다면 변호사들이 가만 안 있겠죠. 소년 재판은 또 당일에 판결해야 해요.

그 짧은 시간에 호통까지 치셔서 '호통 판사'로도 불리는데.

3분 동안 무미건조하게 재판하면 아이들은 '소년 재판 가봤는데 별거 아니네' 이렇게 나옵니다(웃음). 그래서 경우에 따라 호통도 치고 꿇어 앉혀 빌게도 하면서 법정의 위중함을 각인시키려 했어요.

소년 법정에는 화장지가 상비되어 있는지요.

법정 경위가 가지고 있다가 뽑아 드립니다. 아이 부모를 비롯해 방청석에서 쓸 수 있게요. (판사도 사용하는지 묻자) 울컥할 때 저는 잠시 쉽니다. 휴정하고 뒷방에 들어가서 울고 나와요. 하하하.

눈물의 양이 다른 법정보다 많은 편인가요?

아무래도 그렇습니다. 형사 법정은 사실관계와 양형(量刑)만 확정하면 되니 로고스(이성)가 필요한 장소죠. 소년 법정은 목적이 달라요. 사회에 불만 가진 아이들이 건전하게 성장하도록 돕는 것, 문제아를 사람으로 만드는 겁니다. 소년법은 용서와 관용을 전제로 해요. 처벌은 엄정하게 하더라도 그게 끝난 이후에 아직 살 날이 많이 남은 아이들이잖아요. 소년 법정은 범죄가 아니라 한 인간을 다룹니다. 로고스가 아니라 정서로 접근하다 보니 눈물의 양이 많지요.

호통 재판은 일종의 퍼포먼스군요.

연극을 보면서 카타르시스를 느낄 때가 있잖아요. 엄숙한 법정에서 감정이 몰입된 상태로 '사랑합니다' '죄송합니다'를 대여섯 번쯤 하면 아이들은 어김없이 눈물을 터뜨립니다. 부모를 겨냥한 것이기도 하고요. 원수처럼 여기다가도 그 순간엔 서로 가까워집니다. 그래서 '호통 치료'라고도 불려요.

호통 판사라는 게 널리 알려져 이젠 효과가 떨어진 거 아닙니까.

그럼에도 불구하고 (울음이) 터져요. 눈물을 준비해서 오는 아이도 더러 있습니다. 저희가 보면 몸과 목소리가 함께 떨리는지 아닌지, 눈물이 진짜 마음에서 나오는지 아닌지 알 수 있어요. 할리우드 액션으로 보이면 호통을 칩니다.

부산 여중생 폭행사건엔 국민적 관심이 높았지요.

공범이 네 명이었는데 한 명은 촉법소년(범죄를 저질러도 형사 책임 능력이 없어 처벌을 받지 않는 10세 이상 14세 미만의 소년)이라서 바로 가정법원으로 사건이 왔고 나머지 세 명은 14세 이상이라서 소년법정에서 보호관찰처분을 내렸습니다. 피해자 A양도 학교를 성실히 다니는 학생은 아니었어요. 가해자들은 이미 문제를 일으켜 대안학교로 보내진 애들이고요. 가출한 A양이 가해자들과 어울리며 무리 지어 생활하다 그 일이 벌어진 겁니다. 집단폭행 사건과는 관계없는 별도의 절도 사건을 제가 맡았고요. 그래서 A양과 B양이 법정에서 만나는 상황을 만든 거예요.

그 폭행사건에 특별한 무엇이 있었나요?

전혀요. SNS로 퍼져 공분을 샀을 뿐, 비슷한 사건은 최근에도 여럿 있었어요. 과거와 다른 거라면 인정 욕구가 강해졌잖아요. 아이들은 SNS에 '좋아요'를 눌러주면 그게 진짜 기뻐해야 할 일인지 아닌지 판단하지 못하고 그 패턴에 반응합니다. 그만큼 외롭고, 기댈 곳이 없다는 뜻이에요.

가정 불화나 해체가 비행의 가장 큰 원인이라고 들었습니다. 얼마나 심각한가요.

법정까지 오는 비행 청소년의 70%는 결손 가정이나 빈곤층 아이들입니다. 보호자에게 따뜻한 사랑을 받지 못한 경우가 많아요. 늘 애정에 굶주려 있지요. 일종의 대안 가정인 청소년회복센터에 보내면 3개월 동안 폭식을 합니다. 정서적 허기를 먹는 것으로 해결해요. 10㎏쯤 체중이 불어나죠. 그제야 교육이 됩니다. 평소에 보살핌을 받지 못하다 보니 음식이 눈앞에 있을 땐 '다음을 기약할 수 없다'는 생각에 마구 먹는 거예요.

원시시대와 비슷하군요.
하하하. 어떤 분은 이렇게 한대요. 예를 들어 요쿠르트를 20개 사놓으면 애들이 자기 몫을 빼앗길까 봐 앞다퉈 먹는답니다. 해결책은 아예 서너 배쯤 사는 거래요. 그럼 아이들이 마음의 안정을 찾는다네요.

피해자 A양은 어떻게 살고 있나요.
재판 마치고 '도보 여행'을 권했어요. 멘토와 함께 8박 9일간 제주 올레길을 걷는 코스입니다. 장기간 결석 후 학교에 가야 하니 얼마나 불안하겠어요. 뭘 도와줄까 궁리하다 '너, 내 딸 하자'며 사진 찍었어요. A양이 치료 받느라 머리를 짧게 깎았더라고요. 저도 딸이 둘 있어 그게 제일 가슴 아팠습니다.

'딸 하자'고 한 아이가 전에도 있었는지요.
처음입니다. 소년원에 들어가면 힘드니까 저한테 편지를 보내는데 '존경하는 아버지'라고 쓰는 아이들은 많아요. 저는 책을 보내줍니다. 그 아이들이 사회에 나와서 어느 정도 잘 살면 연락을 안 해요. 감사할 일이죠. 무소식이 희소식입니다(웃음).

인생에는 누구나 터닝 포인트가 필요하다. 천 판사는 어려서 부산 아미동 까치고개(빈민가)에서 자랐다. 산비탈 단칸방에서 아홉 식구(그가 칠 남매 중 넷째)가 살았다. 그는 "(상자 같은 작은 집이라는 뜻으로) 하꼬방이라 부른다"며 "소년범들에게도 인생의 터닝 포인트를 찾아주고 싶다"고 했다.

판사님에게는 어떤 터닝 포인트가 있었나요.
초등학교 때 육성회비 500원을 못 낼 정도였어요. 등교하기 싫었죠. 그런데 5학년 때 덜컥 반장이 되었어요. 집안 형편은 어려웠지만 그때부터 학교생활에 적응하기 시작했습니다.

어린 마음에 상처가 될 수도 있고 그게 세상에 대한 분노로 표출될 수도 있는데.
저는 괜찮았어요. 오히려 감사했죠. 고등학교 졸업할 때도 가난했는데 대학 원서 접수 마지막 날에 길에서 우연히 만난 친구가 원서를 사주는 바람에 진학(부산대 법대)할 수 있었어요. 나중에 그 이야기를 했더니 친구는 '내가 그랬나? 전혀 기억이 안 난다'는 겁니다. 저는 이렇게 말합니다. 어려움에 처한 아이들에게 별것 아닌 호의를 베풀지만 그들 인생에는 엄청난 터닝 포인트가 될 수 있다고요.

저서에 '법관이 들고 있는 양팔 저울은 공정과 소통'이라고 쓰셨는데.
상대와 소통하지 않는 공정은 한계가 있어요. 소년 재판은
애프터서비스(AS)까지 해야 재비행을 막을 수 있습니다. 법
정 밖에서도 그들이 보내오는 마음의 소리를 들으려고 노력
해요.

어떻게요?
저한테 재판 받은 아이 중엔 축구를 하다 돈이 없어 그만둔
경우가 많아요. 그런 애들이 대체로 공부는 안 하잖아요. 운
동에서 손을 놓으면 비행으로 갈 확률이 높아져요. 법정에
온 아이들을 데리고 2016년에 '만사소년(萬事少年·모든 일은
소년으로 통한다는 뜻)'이라는 축구단을 만들었습니다. 이영표
선수가 도와주고 있고 김신욱 선수도 다녀갔어요. 매주 목요
일 모이는데 30명이 넘게 와요. 마치면 돼지국밥 한 그릇씩
먹고요.

소속감과 안정감을 줄 수 있겠군요.
네. 저도 같이 축구를 하는데 아이들이 생각보다 순수해요.
딱 보면 실력 파악이 되는지, 저한테 심한 태클은 안 하더라
고요(웃음). 악보 볼 줄 모르는 아이들을 4개월 합창 연습시
켜 무대에 올리고 박수 받는 경험도 만들어줍니다. 그런 기
간에는 비행을 잘 안 저질러요. 남에게 인정받고 소속감도
충족되니까요. 그렇게 3년쯤 끌어주면 철이 들어요. 그때까

형사 법정은 사실관계와
양형(量刑)만 확정하면 되니
로고스(이성)가 필요한 장소죠.
소년 법정은 목적이 달라요.
사회에 불만 가진 아이들이
건전하게 성장하도록 돕는 것,
문제아를 사람으로 만드는 겁니다.
소년법은 용서와 관용을
전제로 해요.

지만 도와주면 돼요.

밖에선 그렇게 하는데 조직 내에선 소통을 안 하니 인사 조치 대상자가 된 거 아닙니까.

하하하. 그런가 봐요.

집에서는 몇 점짜리 아빠인가요.

50점? 60점? 일을 하느라 아빠 경험이 부족해요. 소년 재판을 맡고 나서부터는 좀 나아졌어요. 소년 재판을 해보니 여자아이는 마음이 수시로 바뀌고 애를 많이 먹입니다. 남자아이의 10배쯤 손이 가요. 마음을 열기 위해 용돈도 주고 밥도 사주고 축구도 하죠. 편지는 여자아이들이 잘 쓰고요.

다리가 교통량을 지탱하는 힘(수송력)은 여러 교각의 평균값이 아니라 가장 약한 교각에 좌우된다고 하지요. 법원에서는 소년 법정이 가장 취약한 곳 같습니다.

쇠사슬도 가장 약한 부분에서 끊어져요. 사회의 수준은 가장 높은 곳이 아니라 가장 낮은 곳에서 결정됩니다. 상류층이 아무리 올라가 보았자 밑에서 같이 올라가지 않으면 사회의 품격이 높아질 수 없거든요. 작년에 어떤 상을 받는 자리에 갔다가 탈북청소년학교를 운영하시는 수상자를 만났어요. 그분이 '우리 사회는 고소득층, 중산층, 저소득층, 다문화, 탈북민으로 구성되어 있다'고 하시더군요. 그 말씀 듣고 한국에서 비행 청소년은 어떤 계층에도 안 들어 있는 '투명인간'

이구나 생각했어요.

투명인간이요?

비행청소년에서 '비행'은 범죄, '청소년'은 선거권이 없다는 뜻이에요. 그러니 처우 개선이 안 됩니다. 재판 중인 피의자를 수용하는 구치소는 전국에 많이 있는데 소년 재판에서 그 역할을 하는 소년분류심사원은 6곳뿐이에요. 일본엔 52곳이 있습니다. 인구 대비 열악하기 짝이 없죠. 그냥 방치하는 것과 같아요.

부모자식 관계가 안 좋은 집이 많은데요.

부모가 양보해야 한다고 저는 생각해요. 물론 물러설 수 없는 마지노선, 어떤 원칙은 있어야죠. 저도 딸과 언쟁이 붙은 적이 있는데, 회복까지 며칠 걸렸습니다. 원칙과 예외를 제대로 지키는 게 아버지의 역할 같아요. 어머니는 한없이 품는 역할이고요. 한쪽이 푸시하면 한쪽은 받아주어야 해요. 부모가 동시에 잔소리를 하면 아이는 도망갈 곳이 없거든요.

출산율이 떨어지면서 비행 청소년은 줄어들었다. 하지만 재범률이 감소하지 않는다는 게 문제다. 천 판사는 "가정 불화와 해체, 게임 중독으로 심각한 아이들이 급증하고 있다"고 말했다. 다음 세대가 짊어져야 할 부담이 커질 텐데 세금 축내게 버려둘 게 아니라 한 푼이라도 내는 길로 데려가야 한다는 뜻이다. 그는 "저출산 문제 해법의 하나로 사회 전체가 아버지처럼 나서야 한다"며 "소년 재판을 떠나더라도 나는 늘 그 아이들 편"이라고 했다.

만사소년
축구단

종이는 풀을 먹으면 빳빳해진다. 얼마 동안은 세월과 풍파를 이길 수 있다. 한옥집 문에 바른 창호지는 시간이 지나면 풀기운이 죽는다. 얼룩이 생기고 볼썽사납게 구멍도 뚫린다. 그럼 새 창호지를 산다. 화창한 봄날에 풀을 쑤어 문창호지를 새로 바른다.

하물며 살아 있는 건 손질이 더 필요하다. 매실 나무에는 열매도 열리지만 벌레도 생긴다. 나무는 가을과 겨울을 거치며 잎뿐만 아니라 껍질도 스스로 벗는다. 사람 몸에서도 손발톱과 머리카락만 자라는 게 아니다. 눈에 잘 띄질 않아 그렇지 각질이 매일 떨어져 나온다.

뜨거운 냄비를 잘못 만져 덴 적이 있다. 얕은 '화상'이다. 손상을 입은 넓이와 깊이에 따라 1도 화상부터 4도 화상까지 중증도가 나뉜다. 화상 부위와 피해자의 연령도 영향을 미친다고 한다. 화상으로 생긴 물집과 상처는 아물면서 딱지로 바뀐다. 새 피부가 돋으면 딱지가 떨어져나갈 것이다.

소년 재판은 어릴 때 크고 작은 사고를 친 아이들을 다룬다. 그런데 천종호는 여느 판사와는 달랐다. 첫째, 법정에서 호통을 쳤다. 둘째, 비행 뒤에 있는 가정 문제를 살폈다. 셋째, 판결이 끝나고도 소년범과 지속적으로 연락하며 재범을 막았다. 일종의 애프터서비스(AS), 사후 관리다. 3~4분 만에 처리하기 급급한 '컵라면 재판'의 현실적 결함을 보완하려고 분투하는 것이다.

'호통 치료'라는 말은 역설(逆說)처럼 들렸다. 호통으로 치료를 한다고? 잘못을 나무라고 꾸짖는 '호통'과 상처를 다스려 낫게 하는 '치료'는 창과 방패처럼 부딪치는 사이 아닌가. 그런데 천 판사는 소년 재판의 악조건을 타개하려고 그런 충격 요법을 썼다. 또 보호자에게 사랑받지 못한 아이들에게 따뜻한 손길을 내밀었다. 비행 청소년을 방치하면 결국 성인 범죄자가 된다는 사실을 경험으로 알고 있었다.

한국 사회를 사람의 몸이 빗대면 소년범은 어려서 불에 덴 환부다. 물집과 상처가 덧나거나 악화되지 않으려면 초기에 적절한 응급처치가 필요하다. 천종호 판사는 소년범을 기계적으로 처벌하거나 사회와 격리하는 데 반대한다. 문제의 근원을 살펴 소년이 재범하지 않고 우리 사회에 소속될 수 있도록 처방한다. 호통은 법정에서 쓰는 바늘이다. 환부를 찔러 고름을 빼낸다. 소년범과 가족의 용서와 화해도 도와준다.

소년재판부를 기피하는 판사들이 많다. 퇴직하고 변호사로 벌어들일 수익에 도움이 되지 않는 경력이기 때문이다. 천 판사는 그 소년 재판을 8년이나 한 국내 최고 전문가지만 지금은 형사재판을 담당하고 있다. 손을 놓은 사이 법이 많이 바뀌어서 후배 판사들에게 배우기 바쁘다고 한다. 소년재판의 후진적인 현실을 개선하고 싶어 하는 그는 언젠가 그곳으로 돌아갈 것이다.

소년재판에 오는 아이들은 대부분 빈곤층, 결손가정 출신이다. 변호사를 선임해 자기를 방어할 수도 없는 형편이다. 여러 가지 처우개선이 필요한데 사회는 그들을 사실상 방치하고 있다고 천 판사는 말한다. 이해관계가 없으니 보살피기는커녕 관심조차 없다. 가정에서 소외되고 사회에서 버려진 아이들이 재범을 저지르고 성인 범죄자가 된다 해도 전혀 이상하지 않은 일이다.

2018년 12월 천종호 판사로부터 카톡이 들어왔다. 2019년 국가 예산에 청소년회복 지원시설(8억 원)이 책정되었다는 것을 확인하고 가슴이 벅차다고 했다. 대안가정인 청소년회복센터는 "아이들을 살려야겠다는 생각 하나만으로" 2010년 출발했다. 이제는 전국 20곳에 개소되어 있다. 운영 예산이 문제였다. 그는 2018년 3월 서울로 가는

KTX 열차의 좌석 그물망에서 우연히 '국민참여예산제도'를 안내하는 팸플릿을 보았다고 한다. 즉시 전국 청소년회복센터 대표자들에게 연락해 신청을 독려했고 마침내 국가 차원의 예산 지원이 이루어지게 된 것이다.

청소년회복센터에서 생활한 아이들은 재범률이 뚝 떨어진다. 인성문제와 공감능력, 사회성 문제의 핵심은 역시 가정에 있다. 깨어진 가정을 대신할 대리부모를 붙여주는 게 청소년회복센터다. 소년범 가운데 중한 범죄를 저지른 5%를 제외하면 나머지 95%는 보살펴 바로잡을 수 있는 아이들이다. 천 판사는 말한다. 벌을 준 후에는 품어야 한다고. 건강한 성인이 되도록 이끌어야 우리 사회가 밝아진다고.

인생을 마라톤에 빗대면 그들은 겨우 5km쯤 지나고 있을 뿐이다. 반환점조차 아직 멀었다. 가정과 사회에서 소외되는 바람에 길을 벗어나고 넘어졌지만 다시 일어나 달리면 된다. 성인이 될 때까지 누구든 그들 옆에서 페이스 메이커로 뛴다면 인생은 달라질 수 있다.

'호통 판사'는 법정 안에서는 엄하지만 밖에선 아이를 하나라도 더 구하려고 동분서주한다. 소년 법정을 떠나도 아이들을 떠나지는 않았다. 만사소년 축구단은 요즘도 매주 목요일 운동장에 모인다. 휘슬이 울리면 전후반 25분씩 서로 몸을 부딪치며 땀을 흘린다. 한때 위기를 겪은 아이들이 정해진 룰을 지키며 사람들과 소통하는 법을 축구로 배운다. 그들에게 삶의 작은 전환점이라도 만들어주고 싶다는 한 법관이 가쁜 숨을 몰아 쉬며 함께 달리고 있다.

작가
무라타 사야카와
'보통 사람'

편의점 인간

1인 가구가 처음으로 2인 가구를 앞질렀다. 2015년 인구주택 총조사에서 1인 가구는 전체 가구(1,911만 1,000가구)의 27.2퍼센트인 520만 3,000가구로 나타났다. 1990년(102만 1,000가구·전체의 9%)과 비교하면 5배로 늘었다. '나 홀로 가구'가 폭증하면서 편의점 도시락을 비롯한 간편식 시장은 성장세가 가파르다. 4인용 식탁 대신 1인용 식탁을 찾는 고객도 많아진다.

1인 가구는 자녀가 없는 부부 가구나 자녀가 있는 부부 가구와 같은 핵가족을 제치고 처음으로 가장 흔한 가족의 형태가 되었다. 『혼자 산다는 것에 대하여』를 쓴 노명우 아주대 교수의 말마따나 '혼자 사는 삶'은 사회적 사실로 다가오고 있다. 2035년이 되면 1인 가구가 34.3퍼센트에 이를 것이라는 전망이다.

판타지의 대상인 싱글과 사회적 사실로서의 혼자 살기는 사뭇 다르다. 화려한 싱글에는 리얼리티가 없고 독거 노인에게는 삶의 판타지가 없다. 자정 무렵 편의점 냉장고에서 수입 맥주를 꺼내들거나 서점에서 스페인 요리책을 구매하는 남자의 용모가 늙고 후줄근하다고 상상해보라. 1인 가구 시장은 화려하지만, 혼자 살기는 철학의 문제이자 살림살이의 문제라는 데 동의한다.

편의점은 불황 속에서도 드물게 성장하는 업종이다. 전국에 3만~4만 개에 이른다. 인구 1,300명당 1개라는 통계가 증명하듯이 편의점은 일상에 성큼 들어와 있다. 상품을 골라 계산대로 가져가면 바코드 읽는 전자음이 들린다. 점원은 표정이 없다. 편의점 문을 닫고 나올 때까지 얼굴을 마주보지 않을 수도 있다. 김애란이 지은 단편소설 「나는 편의점에 간다」에서 주인공은 편의점이 드러내는 무관심을 즐긴다. 편의점 알바가 손님에게 사적인 대화를 건네지도 않지만 단골조차 기억 못 한다는 사실에 절망한다. 고독한 사회에서 익명성과 무관심은 폭력이 될 수도 있는 것이다.

편의점 통유리는 가까우면서도 멀고 다 보여주면서도 가둔다. 편의점은 10평 안팎으로 작지만 고객을 향한 '무관심의 배려', 쓰고 버리는 일회용품 문화, 밤을 개척한 자본주의를 알게 모르게 강화한다. 『편의점 사회학』을 쓴 전상인 서울대 교수는 "우리는 편의점에 의해 소비하는 인간으로 길든다. 필요에 의해 편의점을 찾는 것이 아니라 편의점에 의해 필요가 생긴다"고 했다.

여기까지는 외부에서 관찰한 편의점의 모습이다. 내부에서 바라본 편의점은 어떤 곳일까. 2016년 일본에서는 편의점 아르바이트를 하며 소설을 써온 젊은 작가가 편의점 직원의 삶을 들여다본 중편소설을 지어 권위 있는 아쿠타가와(芥川) 문학상을 받았다. 무라타 사야카(村田沙耶香)가 쓴 『편의점 인간』이다.

대학 신입생 때부터 18년간 편의점에서 아르바이트해 온 36세 독신 여성 후루쿠라가 주인공이다. 편의점에서는 수많은 사람이 스쳐가지만 어느 누구도 다른 누구와 깊은 관계를 맺지 않는다. 모든 일은 매뉴얼에 따라 진행된다. 후루쿠라는 그걸 숨 막혀 하기는커녕 그 속에서 안심한다.

『편의점 인간』을 쓴 무라타는 일주일에 3일은 새벽 2시에 일어나 아침까지 소설을 쓴다. 오전 8시부터 오후 1시까지 편의점에서 일한 다음 남들이 근무하는 시간에 자고, 남들이 자는 시간에 일어나 소설을 쓰는 생활을 계속해왔다. 시상식 날에도 편의점 근무를 마치고 시상식장에 나타났다. "아쿠타가와상을 타다니 기적 같아서 믿기지 않는다"는 무라타에게 일본 기자들이 물었다. "앞으로도 편의점 일을 계속할 겁니까?" 그녀가 이렇게 답하는 바람에 좌중에 폭소가 터졌다. "우선 점장과 상의하겠습니다!"

　매뉴얼에 따른 대답일지도 모른다고 나는 생각했다. 2017년 여름 도쿄에서 무라타를 만날 기회가 생겼다. 가까운 일본이지만 당일치기 해외 출장은 처음이었다. 비행기는 오전 8시에 김포공항을 출발했다. 오후 1시에 그녀를 인터뷰하고 저녁 비행기로 돌아오는 일정이었다. 기내 창가석에 앉아 구름을 바라보며 작가가 소설 속 여주인공과 얼마나 닮아 있을지 상상하는데 안내방송이 들렸다. "안전벨트 표시등이 켜졌습니다. 곧 하네다 공항에 착륙하겠습니다."

'평범해질 순 없니?'라는 폭력

       무라타 사야카는 대학 시절부터 글을 쓰며 틈틈이 편의점에서 일해왔다. 일본 최고 권위의 문학상을 받고도 일주일에 사흘은 편의점으로 출근한다. 19년째다.

아쿠타가와상 주관사인 도쿄 문예춘추(文藝春秋) 본사에서 그녀를 만나자마자 손톱에 눈길이 갔다. 『편의점 인간』에서 편의점 점원인 여주인공 후루쿠라가 계산기를 두드리려고 가지런히 손톱을 자른 손을 무릎 위에서 어루만지는 장면이 떠올랐기 때문이다. 작가도 손톱이 짧았다. 매니큐어를 바르지 않은 손톱을 가리키며 편의점에서 파트타임으로 계속 일하는 까닭을 물었다.

"작가도 글이 막힐 때가 있어요. 하는 일이 글쓰기뿐이라면 얼마나 괴로울까요. 저는 다행히 일주일에 세 번 편의점 점원이 됩니다. 정해진 매뉴얼에 따라 일할 땐 머릿속이 맑아져요. 온종일 방에 틀어박혀 있는 것보다 낫지요. 손톱을 가지런히 자르고 매니큐어를 바르지 않는 건

규칙입니다. 대신 (보이지 않는) 발톱에는 페디큐어를 해요."

　소설 『편의점 인간』은 '편의점은 소리로 가득 차 있다'는 문장으로 시작된다. 손님이 들어오는 차임벨 소리, 바코드를 스캔하는 소리, 돌아다니는 하이힐 소리, 페트병을 하나 꺼낼 때 안에 있던 페트병이 데구루루 굴러오는 소리……. 주인공 후루쿠라는 소리에 따라 반사적으로 움직인다. 18년 동안 편의점에서 일했고 연애 경험은 없다. 이곳에선 세계의 부품이 될 수 있다고 그는 생각한다.

일터에서 등장인물과 이야기 뼈대를 건졌군요.
막연하지만 편의점 알바를 그만두고 나이가 좀 더 들어서 쓸 생각이었어요. 다른 재료로 이것저것 글을 지었는데 영 만족스럽지 않았습니다. 어쩌다 편의점 이야기를 쓰기 시작했는데 신기하게도 술술 풀렸지요.

저축해둔 소재를 당겨 쓴 셈인데, 탈고할 때 좀 허탈하지 않았나요?
반대로 상쾌했어요. 몹시 응축해 꺼내놓은 기분이랄까요. 기묘한 실험을 해봤는데 뭔가 나왔구나 싶었죠. 제가 쓴 소설은 현실과는 거리가 있는 설정 탓에 읽을 때 불쾌감을 느낀다는 독자가 많았는데 『편의점 인간』은 그렇지 않다는 평을 받아 더 흡족했습니다.

첫 문장은 긴 이야기를 풀어나가는 실마리일 텐데 뽑아내는 과정은 순조로웠나요?

주제를 정하고 나서 제일 먼저 떠오른 문장이에요. 편의점에선 소리에 민감해질 수밖에 없거든요.

한국에서도 1인 가구 증가와 더불어 편의점이 3만 개를 넘겼어요. 밤을 개척하는 자본주의이자 '익명성' '무관심' 같은 낱말부터 떠오르는 장소인데, 이 소설은 뜻밖이었죠. 질서정연하게 움직이는 세계처럼 편의점을 그렸으니까요. 그곳에 있으면 편안한가요?

익명성이나 무관심은 손님 입장일 뿐 점원은 그렇지 않아요. 팬티라거나 좀 창피한 물건도 팔지만 민망해할 필요 없이 살 수 있는 곳이죠. 겉에서 보면 자동판매기와 같습니다. 하지만 그 안에선 실제로 저 같은 사람이 일하고 있지요. 표면적으로는 매뉴얼대로 하는 것처럼 보이지만 실제론 손님에게 맞춰가면서 섬세하게 대응하는 겁니다.

소설을 읽으며 상상한 후루쿠라와 비슷하시네요. 후루쿠라가 손님들이 내는 소리에 압도당하지 않으려고 등줄기를 곧게 편 채 '이라샤이마세(イラシャイマセ·어서오세요)'를 되풀이해 외치는 장면도 경험담인가요?

제가 처음 근무했던 매장은 폐점했어요. 그다음에 일한 서너 군데 편의점은 다 처음 문을 여는 곳이었습니다. 점원들이 둥그렇게 둘러서서 배꼽에 손을 모으고 표정과 인사를 연습했지요. 영업 첫날은 늘 붐비니까 아주 큰 소리를 내는 게 중요해요. 조금이라도 작으면 '다시!'라는 점장의 불호령이 떨어집니다(웃음).

작가에게 편의점이란 일터는 루틴이나 리듬을 갖는 것 말고 장점이 또 있나요?
매장에서 연령대가 다른 친구들을 많이 사귀게 돼요. 소설가는 등장인물과 관찰력이 필요한 직업이에요. 사람들을 만나는 데서 오는 즐거움이 컸어요.

19년째 일하는데 직업병처럼 그 장소에서 몸에 밴 습관이 있나요?
목소리 톤이 그래요. 크고 잘 울리게 소리를 냅니다. 또 손님으로 편의점에 갈 때마다 흐트러진 단점들이 자꾸만 눈에 들어와요.

지금 목소리는 편의점에서 일할 때와는 다른가요?
전혀 다르죠(웃음).

편의점은 숱한 사람이 스쳐가지만 깊은 관계를 맺지 않고 모든 일은 매뉴얼에 따라 진행된다. 주인공은 숨 막혀 하기는커녕 그 속에서 안심한다. 『요미우리신문』은 "남과 잘 소통하지 못하는 사람에겐 기계적 규칙이 되레 구원이 될 수 있다"며 "삶을 꿰뚫어보는 인간관이 들어 있다"고 평했다. 무라타는 2003년 『수유(授乳)』로 군조신인문학상을 받으며 데뷔했고, 2009년 『은빛의 노래』로 노마문예신인상을 받았다.

후루쿠라가 편의점에서 세상과의 접점을 찾았다면 당신을 세상과

연결하는 끈은 이야기죠. 언제부터 작가를 지망했나요.

초등학교 5학년이요. 머릿속 이야기를 풀어낸 글이 스스로 제어할 수 없는 괴물처럼 커지는 데 매료되었어요.

'넌 왜 그렇게 유별나니' '평범해질 순 없는 거니' 같은 말을 들었나요?

굉장히 내성적이었어요. 낯가림이 심했고 잘 울었죠. 너무 예민해서 어른들 걱정시키는 아이였어요. 운동도 잘하지 못했고 국어(일본어)를 좋아했지만 성적은 평범했고요.

『편의점 인간』에서 후루쿠라의 삶은 매장 안에서는 완벽해요. 하지만 밖에선 '보통 사람'으로 사는 매뉴얼이 없어 덜거덕거립니다. 무대에서 훌륭한 배우가 일상에선 부적응하는 것처럼요.

편의점 안에서는 '나는 점원입니다' 연기할 수 있지만 그 무대에서 내려오면 보통 사람처럼 살 수 없어 힘겨워하는 인물이죠.

당신은 편의점 직원과 작가, 배역이 둘인 셈인데 작가는 몸에 잘 맞는 옷인가요?

이상하게 들리겠지만 제가 작가라고 느낄 땐 인간이라기보다 동물에 가까워요. 야성, 본능을 따르는 짐승. 글을 써야 하기 때문이죠. 힘내려고 단것을 잔뜩 먹고 용모는 꾸미지 않아요. 글 쓰는 본능에만 충실합니다.

어렸을 땐
쓸모있는 사람이 되지 않으면
세상에서 버려지는 줄 알았어요(웃음).
어른이 되고 보니
쓸 만한 도구가 아니어도,
이를테면 편의점 직원이어도
행복할 수 있더라고요.
소설가도 이물질 같은 구석이 있잖아요.
저는 쓸 만한 도구는 아닐지언정
행복하게 살고 있습니다.

오늘은 잘 차려입고 나오셨네요.

글을 쓸 땐 알이 두꺼운 안경을 쓰고 추리닝 바지를 입어요. 머리도 헝클어진 채 동물적으로 움직이지요(웃음).

한국은 일자리가 불안정해요. 연애 · 결혼 · 출산을 포기하거나 미루는 '삼포 세대'라는 말도 있습니다. 일이나 가정을 통해 사회에 소속되지 않는다고 따가운 시선을 받지요.

폭력적이군요. 제겐 그런 처지에 있는 사람을 비난하는 이들도 굉장히 괴롭게 보여요. 모든 걸 이룬 듯한 사람도 실제론 힘겨운 등짐을 지고 있으니까 사회적 활동을 하지 않는 사람을 비난하는 거죠. 어떤 의미에선 그들이 짐을 좀 내려놓았으면 하는 바람으로 『편의점 인간』을 썼어요.

'이물질'이라고 생각해본 적 있나요?

어렸을 땐 쓸모있는 사람이 되지 않으면 세상에서 버려지는 줄 알았어요(웃음). 어른이 되고 보니 쓸 만한 도구가 아니어도, 이를테면 편의점 직원이어도 행복할 수 있더라고요. 소설가도 이물질 같은 구석이 있잖아요. 저는 쓸 만한 도구는 아닐지언정 행복하게 살고 있습니다.

후루쿠라처럼 결혼을 하지 않았고 자식도 없다. 소설에는 '당신 같은 여자는 중고예요. 석기시대라면 자식도 낳을 수 없는 나이 든 여자가 결혼도 하지 않고 무리 속을 어정대는 것과 같다'는 대목이 나온다. 무라타는 "후루쿠라는 나쁜 짓이라곤 아무것도 안 했는데 '왜 그렇게 살아?' 소리를 듣게 된 사람을 그리고 싶어 만든 인물"이라고 했다.

처지를 자학적으로 빗댄 건가요?
아뇨. 저는 결혼에 대해 심각해지거나 괴로워하지 않아요. 머릿속이 말랑말랑하죠. 인터넷에 숨어서 비난만 해대는 사람들에게 그게 얼마나 끔찍하고 과격한 생각인지 일침을 가하고 싶었어요.

소설을 읽고 '복수(復讐)'라는 단어가 떠올랐어요. 세상을 향해 날리는 카운터 펀치.
보통 사람처럼 살라고 강요하는 사회에 대한 역공이죠. 늘 보통 사람들만 비추는 카메라가 있다고 생각해보세요. 그런데 180도 회전하면서 이번엔 기묘한 사람이 눈에 들어오는 겁니다. 자신이 보통 사람이라고 여겼는데 이상한 사람을 클로즈업하면 거꾸로 보통 사람이 기묘해 보이는 거죠.

저마다 얼마나 그로테스크하고 이상한 존재인지 경험해보시라?
시선을 바꾸고 입장을 뒤집는 겁니다. 작은 편의점이라는 렌즈를 통해 비뚤어지고 이해할 수 없는 바깥 세계를 비추고 싶었어요.

'이 세상은 현대 사회의 거죽을 쓴 석기시대'라는 관점도 흥미로워요.

일본에서는 한동안 여자들이 아이를 낳기보다 사회활동에 참여해야 한다는 분위기가 강했어요. 최근엔 출산할 계획이라면 빨리 낳는 게 좋다로 흐름이 바뀌었지요. 결국 석기시대와 똑같은 게 아닐까 생각해요.

'이상한 사람한테는 흙발로 쳐들어와 그 원인을 규명할 권리가 있다고 다들 생각한다'는 문장을 읽다가 작가도 그런 피해를 경험해본 것 아닐까 싶었습니다만.
저는 소설을 씁니다, 하면 결혼도 출산도 하지 않았어도 다들 그러려니 해요. 하지만 제대로 취직하지 않고 알바만 한다고 한심한 인생으로 비난하거나 결혼하지 않는 여성의 인생에 간섭하는 걸 볼 땐 마음이 아파요.

글이 안 써질 땐 자책도 하나요?
데뷔 전엔 더 괴로웠는데 요즘엔 즐겁게 쓰고 있습니다. 새벽 두 시에 일어나서 집필하고 오전 8시부터 오후 1시까지 편의점에서 일하고 퇴근하면 원고로 되돌아옵니다.

날마다요?
편의점 알바를 하는 월·화·수요일에 그렇게 해요. 주말엔 될 수 있으면 쉬고 목·금요일은 아르바이트가 없으니 낮에도 글을 씁니다. 원고 뭉치를 가지고 다니느라 가방이 늘 불룩해서 친구들이 놀려요.

지금의 당신을 형성하는 것 중에서 편의점이 차지하는 비중은 얼마나 될까요.

2할쯤이요. 『편의점 인간』을 쓸 동안에는 여주인공에게 영향을 받아서 제 말투도 비슷했어요. 지금은 편의점과 관계없는 소설에 매달리는 중이라 흘러간 과거가 되었지요. 작가도 (배우처럼) 다른 작품으로 들어가면 이전 등장인물을 잊고 지금 이 순간에 집중합니다.

무라타는 시상식 날 "아쿠타가와상을 타다니 기적 같다"고 말했다. 앞으로도 편의점 일을 계속할 거냐고 기자들이 물었다. 무라타가 "우선 점장과 상의하겠습니다!"라고 답하는 바람에 좌중에 폭소가 터졌다.

작가에겐 어떤 의미가 있는 상인가요.

역사가 깊은 상이라 어릴 때부터 TV로 수상자 인터뷰를 봐왔어요. 그런데 저라니, 놀랍고 믿기 어려웠죠. 기자회견을 할 때 카메라 플래시가 팡팡 터졌어요. 평생 그렇게 눈부실 일은 다시 없겠구나 싶었죠.

점장님은 뭐라던가요?

뉴스 다 봤다며 바빠질 텐데 신경 쓰지 말고 근무는 탄력적으로 하자고 하셨죠.

편의점이 명소가 되었겠네요. 알아보고 데이트 신청하는 남자 손님은 없었나요?

제가 어느 편의점에서 일하는지는 비밀에 부쳤어요. 단골손님만 알아보죠. 데이트 신청은 없었고 악수를 요청하는 분은 있었습니다. 어르신들은 '열심히 해' '앞으로도 계속 써'라며 격려해주셨어요.

수상 후 시급(時給)은 좀 올랐나요?

하하하. 전혀요. 한 시간에 낮에는 960엔(약 9,650원), 밤에는 1,050엔을 받아요.

아쿠타가와상 상금 100만 엔은요?

너무 바빠서 쓸 시간이 없었어요. 영어 회화를 배우는 데 쓸까 궁리 중이에요.

온화한 겉모습과 달리 소설에서는 왜 툭하면 살인을 저지르나요?

저는 낯가림이 심하고 얌전한 편인데 소설은 과격하고 살인이 많이 등장합니다. 인간의 금기(禁忌) 중에 그만큼 강력한 게 없으니까요. 살인은 석기시대부터 존재했고 흥미로워서 자꾸만 다루게 됩니다.

한국어판 서문에는 편의점에서 함께 일했다는 알바생 수진 씨 이야기가 나옵니다.

대학 2학년에 편의점 일을 처음 시작했을 때 수진 씨를 만났어요. 남자 친구에게 연애편지 쓰는 모습을 가끔 봤지요. 유학 마치고 귀국해 결혼했다고 하는데 소식이 끊겼어요. 그 매장은 폐점했지만 당시 동료와는 지금도 정기 모임이 있습니다. 수진 씨가 '아, 무라타가 편의점을 무대로 소설을 썼구나' 하고 읽어준다면 기쁠 거예요. 언젠가 연락이 닿아 다시 만나기를 소망합니다.

신작을 쓰려면 섭취하는 세계가 달라져야 하나요?
(골똘히 생각에 잠겼다가) 소설은 쓸 때마다 늘 아쉬운 부분이 있어요. 할 말을 다 하지 못한 것처럼요. 아주 짧은 장면에서 스쳐간 인물인데 계속 마음에 남으면 다음 작품에서 주인공으로 등장시켜요. 연쇄반응처럼요(웃음). 전작의 결핍을 메운다고 할까요.

농사와 비슷하군요. 감자 농사를 지으면 일부를 씨감자로 남겨 이듬해 심잖아요.
그런 걸지도 모르겠네요(웃음).

전작 중 『소멸세계』가 곧 한국에서 출간될 예정이에요. 여성에 대한 사회적 편견, 그 시선 속에 여성이 느끼는 감정을 세밀하게 그렸다고 들었습니다.
어릴 적 만화영화를 보면 남자 주인공이 예쁜 여자를 볼 때 눈동자가 하트로 바뀌었어요. 못생긴 여성을 볼 땐 그렇지 않지요. 아, 저렇게 아름다운 여성이 되어야 하나 보다 싶었죠. 어른이 되어 그 생각이 틀렸다는 걸 깨달았습니다. 눈이 하트로 변하는 몸을 가지고 있지 않아도 자유롭게 사는 사람들을 많이 만났지요. 그런 편견 때문에 괴로워하지 않기를 바라면서 소설을 씁니다.

『편의점 인간』을 읽으며 편의점은 당신의 연인이자 스승이라는 생각이 들었어요. 편의점에 지금 어떤 말을 들려주고 싶은가요?
사실 매장에서 일할 땐 매우 진지해요. 이제 여름이라서 편의점이 가장 붐비는 시즌입니다. 편의점에 하고 싶은 말은, 음…… 우리 열심히 해서 매출을 최대로 뽑아보자!

이라샤이마세!

        미국 로스앤젤레스에 사는 배우 척 매카시
는 사람들과 산책을 해주고 돈을 번다. 그가 시작한 '친구
대여(Rent-a-Friend)'는 새로운 형태의 비즈니스다. 매카시
는 일감이 많지 않은 무명 배우였지만 이 부업은 조수들
을 고용해야 할 만큼 번창하고 있다. 다른 도시와 외국에
서도 '출장 산책' 주문이 쇄도한다.

  매카시는 집 근처 공원과 거리를 고객과 함께 걸으면서
이야기를 나누는 대가로 1마일(1.6㎞)에 7달러를 받는다.
사회적 관계를 구매 가능한 상품으로 포장한 셈이다. 이
름 붙이자면 '고독 비즈니스'다. 그는 영국 일간지 『가디
언』과 한 인터뷰에서 "혼자 산책하기 두렵거나 친구 없는
사람으로 비칠까 봐 걱정하는 사람이 많았다"며 "자기 이
야기를 누가 들어준다는 데 기뻐하며 다시 나를 찾는다"
고 했다.

  1인 가구가 빠르게 늘어가는 한국 사회에서 고독은 강

건너 불구경이 아니다. 우리는 페이스북·트위터·인스타그램 같은 소셜미디어로 긴밀하게 연결되어 있지만 관계의 응집력은 어느 때보다 느슨하다. '혼밥' '혼술' '혼영(나 홀로 영화)' '혼행(나 홀로 여행)' 같은 소비 패턴이 방증한다.

외로움을 감추기보다 즐기려는 경향도 나타난다. 관계 맺기는 크고 작은 스트레스를 동반하기 때문이다. 누군가와 함께 시간을 보내야 할 때 우리는 흔히 정상 또는 평형 상태라고 부르는 것으로부터 이탈할 위험이 높아진다. 일상을 공유하며 대화하느라 시간을 축내느니, 원하는 시간에 혼자 뭔가를 누리면서 안정감을 얻을 수 있다.

일본에서는 한국보다 먼저 '나 홀로 문화'가 퍼졌다. 무라타 사야카를 만난 2017년 여름, 국내에 번역된 일본 에세이 중엔 『약간의 거리를 둔다』『퇴사하겠습니다』『어쩌다 보니 50살이네요』 등이 인기였다. 예스24는 "제목에 '혼자' '홀로' '고독'이 붙은 책이나 혼밥·혼술과 맨손운동 관련 서적은 30대 남녀를 중심으로 판매량이 늘어나는 추세"라고 했다.

혼자가 불편하기는커녕 편하다는 사람이 많다. 그것은 이상한 현상이 아니라 우리 사회에서 '뉴 노멀(새로운 표준)'이 되었는지도 모른다. 보통 사람처럼 살기를 강요하는 문화는 '보통 사람이 누구인가'에 대한 보편적 합의를 전제로 한다. 미혼과 비혼, 이혼과 고령화로 1인 가구가 가장 평범한 가구 형태가 되었다면 그 집단은 보통 사람으로 불릴 자격이 있다. 변화를 인정하지 않고 과거의 잣대로 현재를 억압하지 말아야 한다. 30년 전의 보통 사람과 지금의 보통 사람, 30년 뒤의 보통 사람은 사뭇 다를 수 있다.

'욜로(YOLO)족'이라는 신조어는 아무 맥락 없이 등장한 돌연변이가 아니다. 'You Only Live Once(인생은 한 번뿐)'의 줄임말로, 현재 자신의 행복을 중심으로 생각하며 소비하는 태도를 지닌 사람들을 가리킨다. 우리는 지금 변화에 적응하는 중이다. 1인 가구는 인생의 어느 단계에서 길든 짧든 경험할 수도 있는 생활의 조건이다. 그것이 아직 도착하지 않은 사람조차 받아들여야 할 미래다.

『편의점 인간』에서 주인공 후루쿠라의 삶은 매장 안에서만 완벽하다. 밖에선 '보통 사람'으로 사는 매뉴얼이 없어 힘겨워한다. "후루쿠라는 나쁜 짓이라곤 아무것도 안 했는데 '왜 그렇게 살아?' 소리를 듣게 된 사람을 그리고 싶어 만든 인물"이라며 "보통 사람처럼 살라고 강요하는 사회에 일침을 가하고 싶었다"고 무라타 사야카는 말했다. 일이나 가정을 통해 사회에 소속되지 않아도 충분히 행복할 수 있다는 것이다.

이날 인터뷰를 마치고 돌아갈 때 우롱차를 사러 편의점

에 들렀다. "이라샤이마세!" 제복을 입고 아르바이트를 하며 하루에도 수백 번 "이라샤이마세!"를 외칠 작가가 겹쳐졌다. "어떤 불편도 차별도 없이 굴러가는 완벽한 세계에 들어오신 것을 환영합니다!"라는 인사말처럼 들렸다.

'유니크'한
배우 유해진

국립공원
북한산

       1990년대 초 뽀빠이 이상용이 진행한 〈우정의 무대〉 장기자랑 코너. 한 이등병이 올라왔다. 유튜브 영상을 다시 보니 앳된 얼굴인데 낯이 익다. 그는 "일단 한번 보시래니깐요"라며 개그맨 이주일 성대모사를 시작했다.

  "(다른 장병들을 보며) 야, 니네는 예의도 없냐? 거울도 안 보냐 거울도? 그 얼굴을 갖고 어떻게 이런 스테이지에 서려고 그러냐? 적어도 나 정도는 돼야지. (카메라맨을 향해) 아니, 가까이 잡지는 마요. (중략) 병따개 위에 뭐라고 써져 있는 줄 아냐? 공병 50원 환불이라고 써 있더라. 공병 50원 환불. 아니 도대체 우리 공병이 50원뿐이 안 되냐?"

  딩동댕동! 심사를 맡은 배우 도지원이 웃으며 실로폰으로 합격을 통보한다. 까까머리 이등병이 거수경례를 한다. "필승!" 자기가 복무 중인 육군 공병(工兵)부대를 소재로 능청스레 개그 한 토막을 보여준 스물두 살. 명찰에 '이병 유해진'이라고 박혀 있다. 배우 유해진의 데뷔 전 모습이다.

"외롭고 힘들 때 나를 위로해주는 국립공원 북한산에 감사합니다."

2014년 대종상영화제 시상식. 코미디 영화 〈해적〉으로 남우조연상을 받은 배우 유해진은 "다른 어떤 상보다 조연상을 사랑스럽게 생각한다"며 이렇게 말했다. 남들 같으면 고마운 사람들을 호명하느라 바빴을 텐데 산(山)이라니. 참으로 독특한 수상소감이었다. 스트레스가 있거나 생각할 게 많거나 안 좋을 때는 산에서 몸을 움직이며 근심을 싹 떨쳐낸다고 했다.

그는 서울 구기동 북한산 자락에 살았다. 산에 자주 오르지만 정상을 탐내지는 않는다. 유유자적 가볍게 걷다 내려올 뿐이다. 촬영하느라 지방에 머물 때도 숙소 근처에 있는 산부터 훑는다고 했다. 영화 〈극비수사〉를 찍을 때는 부산 금련산을 거의 날마다 찾았다. "산이 있어 외로울 때 의지가 되고, 스트레스도 풀리고, 건강까지 챙길 수 있다"고 그는 말한다. 반려동물이나 반려식물은 들어보았지만 '반려산'이라니. 이 배우, 눈은 작아도 스케일은 거대하다.

예능 프로그램 〈삼시세끼〉에서도 전남 신안의 만재도

파란지붕집 뒷산을 산책하는 유해진의 모습을 볼 수 있었다. 바다를 대할 때 수확에 연연하지 않기는 산에서 보여주는 태도와 같다. 〈삼시세끼〉에서 그가 바다낚시를 했는데 물고기를 하나도 못 잡고 허탕친 날이 있었다. 여느 방송이라면 망한 거다.

그런데 〈삼시세끼〉는 자막과 음악, 연출로 그 불행을 새롭게 바라보았다. 그때 올라온 자막은 이러했다. '아무것도 잡지 못한 참바다 씨, 우리 아버지들의 뒷모습과 참 많이 닮아 있네요.'

인생에도 편집(edit)이라는 게 있다. 대수롭지 않은 일도 시선을 바꾸고 의미를 붙이면 사뭇 다르게 보인다. 대중이 그런 종합 편집권을 행사하고 싶어하는 배우를 꼽자면 그 명단에 유해진이 빠질 리 없다. 관객은 유해진이라는 산을 좋아한다. 가파르지 않고 넉넉하니까. 그는 우리가 외롭고 힘들 때 위로가 되고 의지가 되어주는 사람이다. 보고 있으면 스트레스가 가라앉고 입가에 웃음이 번진다.

더 유니크(unique)
해지고 싶다

2016년 가을에 가장 큰 위로를 준 배우는 유해진이었다. 그가 주연한 영화 〈럭키〉가 700만 관객을 모았다. 10~11월은 전통적으로 비수기다. 코미디가 그만큼 흥행하기는 2014년 초 〈수상한 그녀〉 이후 오랜만이었다. 냉혹한 킬러 형욱(유해진)이 목욕탕에서 넘어져 기억을 잃고 무명 배우 재성(이준)과 인생이 뒤바뀌는 이 영화를 보고 귓바퀴에 맴돈 대사가 있었다.

"저를 아십니까?"

형욱은 세상을 향해 묻는다. 자신이 누구이고 뭘 하던 사람인지 아느냐고. 기억 상실은 이 영화에서 비극이 아니라 기회이고 선물이다. 그는 얼결에 분식집에서 칼 솜씨를 발휘하는 처지가 되지만 "내가 그린 기린 그림은 긴 기린 그림이냐, 그냥 그린 기린 그림이냐"를 입에 달고 배우 훈련에 몰두한다.

보통 사람도 과거를 말끔히 지우고 삶을 리셋(reset·초

기화)하고 싶을 때가 있다. 배우는 직업적으로 그게 가능하다. 이 사람 인생에 세들어 살다 저 사람 인생으로 건너갈 수 있기 때문이다.

산에 오르는 길은 여러 갈래다. 유해진은 장동건·이정재·정우성·강동원과는 출발점이 달랐다. 그들은 데뷔할 때부터 정상을 밟은 스타였지만 유해진은 암벽을 타듯 이름 없는 단역부터 붙잡고 올라가야 했다. 조폭으로 존재감을 보여주면 한동안 조폭 배역만 들어왔다. 덤1(영화 〈블랙잭〉), 양아치1(〈주유소습격사건〉), 어깨2(〈간첩 리철진〉), 넙치(〈신라의 달밤〉), 짭새(〈광복절 특사〉), 쌍칼(〈공공의 적〉)……. 대중은 유해진이 〈왕의 남자〉에서 육갑이, 〈타짜〉에서 고광렬을 연기하면서부터 그를 알아보았다.

〈럭키〉 상영관에는 웃음이 흥건했다. 사랑 받는 영화는 이 사회에서 무엇이 사라지고 있는지 알려주는 길잡이가 될 수 있다. 그 무렵 국정농단 사태를 겪으며 무겁고 어둡고 비판적인 영화들로 기울어진 탓에 잃어버린 웃음을 〈럭키〉가 되찾아준 셈이다. 일종의 균형 회복이다. 코미디는 현실의 절망에 대처하는 약물과도 같으니까.

유머는 남을 자극하지 않으면서 그를 변화시키는 가장 효과적인 방법이다. 삶에서 고통스러운 구간을 지날 때도 유머가 필요하다. 〈햄릿〉에 광대가 등장하듯이, 왕도 심각한 문제로 돌아가려면 웃음이 필요했다. 코미디는 왕이 점잔만 떠는 실수를 하지 않도록 그를 구해냈다. 2차 세계대전 중이던 1940년대 영국에서는 히틀러를 조롱하는 노래가 유행했다. 공습의 공포 앞에서 쾌활을 유지하기 위한 반작용이었다.

가진 게 망치밖에 없는 사람에게는 모든 문제가 못으로 보인다. 망치 말고 스패너나 펜치, 대패로 풀어야 하는 문제도 있기 마련이다. 정치에 매몰되어 모든 문제를 못으로만 보고 망치로 탕탕 때려 박기에는 인생이 아깝다. 연장은 다양할수록 좋다. 등산이나 독서, 영화 감상이나 술을 한잔하는 것도 방법이다

그런 의미에서 유해진은 품고 있는 연장이 많은 배우다. 천사부터 짐승까지 묘하게 결합되어 있는 연소성 혼합물이랄까. 그는 상대의 에너지를 훔치지 않으면서 자기 에너지를 내뿜을 줄 안다. 〈공공의 적〉의 시체안치실에서 일장연설하며 시범을 보여주는 쌍칼이나 〈타짜〉에서 쉴 새 없는 수다로 드라마를 운반하는 고광렬, 〈이끼〉에서 살아남으려고 온갖 비리를 저지르는 김덕천도 저마다 기운이 생동한다.

누가 잘 되면 배가 아플 수 있는데 유해진은 정반대다. 제발 잘 되길 응원해주고 싶은 배우다. 사회가 불공평하다고 생각할수록 대중은 평범하고 좋은 사람이 보답 받기를 바란다. 인성과 노력, 연기력을 다 갖춘 유해진의 성

공에는 영화시장의 '보이지 않는 손'이 작동한 것 같다.

육남매 중 막내인 그는 고등학교 2학년 때 청주 청년극장에서 극단 생활을 시작하며 인생의 항로를 정했다. 환영 받지 못하는 꿈이었다. 친구들은 "거울은 안 보니?"라고 빈정댔다. 유해진은 연극과 입시에 거듭 낙방하고 엉뚱하게 의상과에 진학했다가 군복무를 하며 우정의 무대에 나왔다. 그리고 서울예대 연극과를 거쳐 극단 목화에 들어가 기초를 다졌다.

유해진이 〈럭키〉에서 연기한 냉혹한 킬러 형욱은 기억을 잃고도 매사에 철두철미하다. 분식집에서도 투철한 직업정신을 발휘한다. 단무지 하나도 꽃 모양으로 썰어 손님에게 감동을 안긴다. 무명 배우 재성이 이루지 못한 일도 그가 손을 대면 술술 풀린다. 단역으로 합류한 드라마에서 단숨에 주연을 꿰찰 정도다.

이 영화에서 배우 훈련에 몰두하는 장면은 실제 유해진과 흡사하다고 그를 아는 사람들은 말한다. 볼펜을 입에 물고 소리를 지르며 발음을 교정했다. 아무리 볼품없는 배역을 맡아도 기초체력을 다지고 인물을 분석했다. 유해진이 걸어온 길과 닮았다. 영화에 데뷔하고 나서도 한동안은 버스 탈 돈으로 빵을 사먹을 정도로 벌이가 변변치 않았다고 한다. 그는 거칠고 우습지만 정이 가는 인물들을 연기하며 쉼표 같은 존재로 또렷한 인상을 남겼다.

주연 배우들과
조연 배우들의 출연료가 다르잖아요.
저는 진짜 그 사이에
애매하게 걸쳐 있어요.
그런데 '유니크하다'는 그 말이
진짜 좋더라구요.
더 유니크하고 싶다는
욕심이 생기고.

점점 더 큰 배역이 맡겨졌다.

그는 까다롭고 예민한 사람이다. 그러지 않고는 좋은 배우가 되기 어려운 것 같다. 시나리오에는 작가도 메우지 못한 구멍이 숭숭 뚫려 있다. 글자 바깥의 글을 깨치는 게 극작이라고 누가 말했다. 배우는 작가가 남긴 몇 가지 단서만 가지고 살아 있는 인물을 구축해야 한다.

유해진은 배신했던 두목을 찾아가는 배역의 행동이 납득되지 않아 며칠을 고민하다 두목과 같은 파마머리를 하고 나타났고(〈신라의 달밤〉), 산적들에게 수영을 설명할 땐 "'음파~ 음파~' 이것만 기억하면 되는 겨. 등신마냥 '파음~' 하면 뒤지는 겨" 같은 핵폭탄급 애드리브를 지어냈다(〈해적: 바다로 간 산적〉). 그는 이렇게 말하는 사람이다.

"김윤석 선배가 '넌 애가 참 유니크(unique)해. 심지어 너는 출연료(몸값)도 유니크해'라고 한 적이 있어요. 주연 배우들과 조연 배우들의 출연료가 다르잖아요. 저는 진짜 그 사이에 애매하게 걸쳐 있어요. 그런데 '유니크하다'는 그 말이 진짜 좋더라구요. 더 유니크하고 싶다는 욕심이 생기고."

유해진이 걸어온 길은 삶이 결코 행운이나 로또가 아니라는 사실을 일깨워준다. 〈럭키〉에 대해서는 "하찮은 인생이란 없다는 메시지에 끌렸다"고 했다. 여전히 자신을 의심하기 때문일까. 그는 자주 보아도 상투적이지 않고 유니크하다. 흔히 연극을 '세상의 거울'이라고 말한다. 연극이 세상을 거꾸로 비추어서 바로 보여주기 때문이다.

아인슈타인은 이렇게 말했다. '성공하는 사람이 되려 하지 말고 가치 있는 사람이 되려고 힘써라(Try not to become a man of success, but rather try to become a man of value).' 유해진은 마치 그것을 실천한 사람 같다. 그는 가치 있는 배우가 되려고 애썼고 그러다 보니 성공이 따라왔다. 유해진은 연예인에 대한 대중의 굳은 시각을 교정해준다. 존재만으로도 균형 회복을 도와주는 것이다.

〈삼시세끼〉를 연출한 나영석 프로듀서는 유해진에 대해 "생활에서도 페이소스나 인간적인 깊이를 뭉뚱그려서 웃음으로 표현하는 몇 안 되는 배우"라고 설명했다. 유해진은 근년 들어 다양한 광고에 출연했다. 그는 "텔레비전에 얼굴을 내민 뒤로 등산하다가 알아봐 주시는 어르신들이 늘어났다"며 "비슷한 이미지를 계속 소비하는 것은 아니지만, 연기 준비에 전보다 더 많이 신경쓴다"고 했다.

배우는 새롭지 않으면 안 되는 직업이다. 연기는 폭도 그렇지만 깊이도 끝이 없다. 배우가 어떤 선택을 하느냐에 따라 무한한 경우의 수가 나온다. 한 작품이 끝나고 다음 작품에 들어가기 전까지 기다리는 시간도 허투로 쓰면 안 된다. 유해진은 "안성기 선배님이 '배우는 기다림의 작업 같다. 그 기다림을 어떻게 기다리느냐가 중요하다'

고 한 말씀을 기억한다"고 했다.

　배우가 타고난 것만으로 버티기는 힘들다. 유해진은 자극을 준 작품으로 〈위플래쉬〉를 꼽은 적이 있다. 드럼 (drum)으로 열려 드럼으로 닫히는 이 영화는 음악 천재의 집착과 광기를 매혹적으로 담았다. 관객의 몸까지 쿵쿵 울리는 것 같은 최대치의 몰입감을 맛볼 수 있다. 제목은 채찍질이라는 뜻. 따끔하지만 기꺼운 극한 체험이다.

　"그 영화를 보고 '내가 저렇게 열정적으로 산 적이 있었나' 하는 생각을 했어요. 20대 시절 연극을 할 때는 저런 에너지를 갖고 피 터지게 살았는데. 〈위플래쉬〉를 본 날 집까지 걸어오면서 현재의 나를 반성하게 되더라고요."

　유해진은 영화 〈완벽한 타인〉에서도 관객의 예측을 뛰어넘는 유니크한 연기를 보여주었다. 마치 연극처럼 한 공간에서 펼쳐지는 이야기다. 30년 지기 친구들이 한자리에서 만난다. 부부 동반 모임. 누군가 묘한 게임을 제안한다. 룰은 하나다. 지금부터 모두의 휴대전화를 식탁에 올려두고 공유할 것. 통화와 문자, 이메일과 카카오톡까지. 서로 속속들이 안다고 믿은 배우자나 친구가 숨기고 있던 충격적인 진실이 하나씩 폭로된다.

　변호사 태수(유해진)와 전직 교사 영배(윤경호)는 다른 이들보다 관계가 더 끈끈(?)하다. 휴대전화에는 사생활이 A부터 Z까지 죄다 들어 있다. 관객은 이 블랙코미디를 보며 어른들의 철없는 불장난이 부른 대참사를 목격하는 셈이다. 공유(共有)만큼 위험한 행동도 없다.

유해진은 아슬아슬한 중년 부부의 진실게임을 포착한 이 시나리오에 대해 "사람의 이면을 들여다볼 수 있는 블랙코미디가 인상적이었다"며 "탁구를 치듯 주거니 받거니 한 호흡 속에서 연기를 만들어갔다"고 했다. 늘 그렇듯이 그는 어느 장면을 독점하지 않는다. 카메라에 함께 담긴 파트너까지 살려내는 능력자다. 윤경호는 "현장에서 유해진 선배 대본을 보면 깨알같이 아이디어가 적혀 있었다"고 했다.

일상에서 부부 사이, 모녀 사이, 친구 사이에도 완벽한 타인처럼 살아가는 경우가 많다. 어쩌면 유해진도 실제로는 우리가 영화나 연극, TV로 본 모습과는 동떨어진 사람일 수도 있다. 부정적인 게 아니라 긍정적인 의미로 하는 말이다. 미디어에 노출된 빙산의 일각 말고 나머지를 구태여 알고 싶지는 않다. 사람 사는 모습은 다 거기서 거기 같지만 가까이에서 자세히 보면 제각각이니까. 우리는 너나없이 흥미로운 존재니까.

레미콘

2,000년 넘게 산다는 세쿼이아 나무도 쓰러질 때가 있다. 벼락이나 화재, 질병 탓도 있지만 결정적으로는 무게 때문이라고 한다. 아득히 뻗어올라 가지만 덩치가 커질수록 위태로워지는 것이다. 거기서 삶의 아이러니를 발견한다. 안전하게 위대해지는 길은 없다.

연극이라는 막막한 벌판에서 안 도망가고 10년 넘게 시간을 지불해야 좋은 배우 한 명이 태어난다. 무대예술은 육상으로 치면 장거리 마라톤이다. 배우는 자신이 무지개 중 어느 빛깔에 해당한다는 걸 깨달으면 영화든 드라마든 어디에 가도 무너지지 않는다.

조상건, 박영규, 김일우, 정진각, 정원중, 김응수, 한명구, 손병호, 김병옥, 정은표, 성지루, 박희순, 임원희, 황정민(여), 장영남, 유해진…… 극단 목화가 배출한 배우들은 이름만 나열해도 단단한 골격이 만져진다. 드라마 〈SKY캐슬〉로 뜬 김병철도 포함된다. 그들을 '오태석 사단'이라고 부른다.

목화를 이끌어온 극작가 겸 연출가 오태석은 "배우란 레미콘을 등짐으로 진 사람"이라고 정의한다. 콘크리트가 굳지 않도록 개면서 공사현장으로 실어 나르는 그 트럭 말이다. 탱크 안에서 자갈과 모래, 물과 시멘트가 계속 돌아간다. 멈추면 굳어버리니까.

레미콘을 등짐으로 진 사람이란 그렇게 부글부글 끓는 상태로 준비되어 있어야 한다는 뜻이다. 늘 움직이며 유연성을 가다듬지 못하면 배우로서는 폐차(廢車)다. 배우에게만 적용되는 말은 아니다. 전성기의 김연아라도 아무것도 안 하고 일주일 논다면 몸이 굳을 것이다. 몸과 감정을 쓰는 직업은 레미콘처럼 계속 돌려야 생존할 수 있다. 이 인물에서 저 인물로 건너가야 하는 배우라면 더 섬세한 기초공사가 필요하다.

문어체와 구어체는 조상이 다르다. 유해진이 들려주는 구어체 대사는 맛깔난다. 씹을수록 맛이 난다. 어미와 감탄사를 어떻게 배치하고 어떤 톤으로 발음해야 하는지 꿰뚫고 있는 사람 같다. "이야기가 허구지만 표현마저 그렇게 하면 영화 전체가 흔들릴 수 있다. 말장난에 가까운 애드리브보다는 제 경험을 토대로 있을 법한 설정을 제안한다"고 그는 말한다.

배우에게는 촬영장이 공사현장이다. 유해진은 앞에 카

메라가 없어도 몸과 감정을 예열하고 있다. 즉흥적이지만 그럴사한 애드리브나 디테일이 나오도록 부지런히 레미콘을 돌린다.

배우에게 가장 나쁜 것은 오만이다. 유해진은 "혹시나 하는 생각에 슛 들어갈 때까지 뒤에서 혼자 중얼거리는 시간을 갖는다"며 "늘 뭔가 부족하다 생각하고 잘 되고 있을 때 더 의심한다"고 했다. 이 유니크한 배우는 오늘도 부지런히 움직이며 호흡을 가다듬고 있을 것이다. 멈추면 굳어버리니까. 부글부글 끓는 상태로.

여기쯤에서 나를 만난다

1판 1쇄 2020년 1월 28일

지 은 이 박돈규
발 행 인 주정관
발 행 처 더좋은책
주 행 소 경기도 부천시 길주로 1 한국만화영상진흥원 311호
대표전화 032-325-5281
팩시밀리 032-323-5283
출판등록 2011년 11월 25일 (제387-2011-000066호)
홈페이지 www.ebookstory.co.kr
이 메 일 bookstory@naver.com

ISBN 978-89-98015-23-7 03190

※잘못된 책은 바꾸어드립니다.

이 도서의 국립중앙도서관 출판시도서목록(CIP)은
서지정보유통지원시스템 홈페이지(http://www.seoji.nl.go.kr)와
국가자료공동목록시스템(http://www.nl.go.kr/kolisnet)에서 이용하실 수 있습니다.
(CIP제어번호 : CIP2020000169)

더좋은책은 북스토리(주)의 브랜드입니다.